令和における経営の魅力と課題

水野浩児【編】
Mizuno Kouji

池内博一
Ikeuchi Hirokazu

栃尾安伸
Tochio Yasunobu

宮﨑崇将
Miyazaki Takamasa

長岡千賀
Nagaoka Chika

OIDAI
ライブラリー

追手門学院大学出版会

まえがき

令和の時代は、経営分野にとってある意味、非常に魅力的な時代なのかもしれない。「経営学」とは、ヒト・モノ・カネ・情報といった経営資源をいかに活用し、企業（事業）を継続・発展させるか、を考える学問分野であると説明されることが多い。稚拙な表現になるかもしれないが、言い換えれば、手持ちのカードで如何に荒波を乗り越え続けるか、を考える学問である。

たった4～5年とはいえ、元号が令和へと移り変わってから、世界は激動の時代になったといっても過言ではないだろう。コロナ禍をはじめ、ロシアのウクライナ侵攻によるエネルギー問題やウッドショック、記録的な円安など挙げればきりがないほど未曾有の危機が目まぐるしく我々の生活に襲いかかってきている。それに加え、多様性を認める社会やＡＩと共存する社会が当たり前になりつつあり、社会のあり方や価値観などにもこれまでにはない大きな変化が生じている。

もしこれらを「困難」と呼んでも差し障りがないのであれば、この「困難」にどのように立ち向かうのかを考えるのは「経営学」の真髄といえる。では、追手門学院大学の経営学部では、どのように「経営学」と向き合って、どのような教育・研究が必要なのだろうか。

先ほど列挙した地球規模や国家レベルの課題も然ることながら、もう少し「大学生」にとっての危機や諸問題に階層をあわせて「経営学」を捉えてみたい。いくつか具体例を挙げてみよう。

まず、2022年4月に成年年齢が引き下げられ、大学に通う学生は皆、成人として扱われるようになった。「経営学」を学ぶ学生にとってはとても大きな変更点である。これまでは、保護者の同意が必要であった諸活動について、一個人として判断ができるようになる。これによって様々な「契約」を取り交わすことができるようになったため、利用するサービスに対する意識や社会とつながることに対して大きな責任を負う立場にあることを名実ともに理解しなければならない。

大学生における「社会とのつながり」の最たる事例としては就職が挙げられる。この就職活動にも大きな変化が生じている。就職活動は双方の「価値を評価する」活動ともいえる。選考中は企業側が学生を評価することになるが、そもそもその企業の採用プロセスに参画する時点までにおいては、学生が企業を評価する立場にある。少し前まではいわゆる「大手企業」に就職し、そこで勤め上げること(終身雇用を全うすること)に大きな価値があった。しかしながら、近年は「自分自身が成長できること」に価値が置かれ、その成長においてもコストパフォーマンスやタイムパフォーマンスの尺度で最大値が測られるようになりつつある。コロナ禍にともなう「働き方改革」によって時間や場所という制約から解き放たれた仕事との関わり方の変化も彼らの価値観に大きな影響を及ぼしている。

また、彼らにとって「時間」は我々の感覚以上に意味のあるものになっている。ＩＴの進化により、様々な情報にコンマ数秒でたどり着ける超情報化社会において、個々人に最適化され、自身が「何者か」を自覚することは、とても意義のあることになった。情報の消費スピードが格段に上がったのと同時に消費するモノやコトのスピードも比例するように上がってきている。ＴｉｋＴｏｋやＩｎｓｔａｇｒａｍで気になった商品をＡｍａｚｏｎなどの通販サイトでポチれば、その日のうちに手元に商品が届く時代でなければ、彼らはもはや生きていけないほど良くも悪くも「時間（速度）」に依存しているといっていいだろう。

そのスピードを支える社会的インフラ（仕組み）のひとつとして物流やロジスティクスが挙げられる。材料の調達から商品の生産・保管・輸送までモノの流れそのものを表す物流や物流そのものを一元管理するロジスティクスは技術の進歩とともにサービス提供の「速度」という価値を上げることに貢献してきた。しかし、そのスピードに追いつくことができていないのが「ヒト（＝輸送の担い手）」である。２０２４年には働き方改革による労働環境是正の観点から、トラックドライバーの時間外労働が制限され、物流の担い手に大きな変化が生じる。ひとりの「ヒト」として豊かな生活を送るための働き方改革が実行される一方で、彼らが幸福にしてきた社会基盤が揺いでしまうような未来が訪れようとしている。このトレードオフの関係とどのように向き合うといいのだろうか。

どれだけ自動化やＡＩなどによる機械化が進んだとしても、我々が生活する社会を生きるのは「ヒト」であるし、それを支えることができるのもまた「ヒト」であることは変わらないだろう。先の事例では人材不足という観点から「ヒト」の問題をとらえてみたが、そもそもビジネスは「ヒト」と「ヒト」のつながりから生まれ、そして「ヒト」としての営みを豊かにしていく経済活動である。では、「ヒト」の営みを豊かにするとどうなるのか。それは、「心」が豊かになっていくことではないだろうか。「ヒト」が多様であることが認められる令和の時代において「心」のあり方もまた多種多彩になっていく。その様々な「心」に寄り添える知識やスキルを身につけることは「困難」な社会に立ち向かうための大きな武器になることだろう。

追手門学院大学の経営学部は様々な社会的課題に向き合い、ヒト・モノ・カネ・情報を活用して、困難に立ち向かう方法を身につけ、予測不能な時代を生き抜く人材を輩出するため、問題の切り口を「マーケティング」「法務」「心理」「情報システム」の4つにあえて絞り、それぞれの観点から経営学にアプローチをかけ、実践的な教育・研究を展開している。

本書では、4人の研究者がそれぞれの専門性を活かして自由に執筆した論文を収録している。図らずも、いずれの内容においても、学生にとって示唆に富んだ内容がふんだんに盛り込まれているあたりが、本学経営学部の教育・研究の特徴や成果であり、また、魅力でもあるだろう。

本書のタイトルは『令和における経営の魅力と課題』と冠した。各研究者からのメッセージが、不安に埋め尽くされた現代に一筋の光を与えるような、「希望」になることを願って、皆様の手元で輝いてくれるのであれば、本学経営学部の研究者冥利に尽きるといえよう。

目次

第 I 章

大学生の消費者問題と消費者教育のあり方

池内 博一

第1節　はじめに

企業経営において企業は消費者との間で商品やサービスの取引を行い利益を得る。この企業と消費者との間で行われる取引はＢ to Ｃ取引といわれるが、法的側面から見ると消費者契約となる。消費者契約では、事業者と消費者との間に情報の質及び量や交渉力などに大きな格差がある。こうした格差は消費者問題を引き起こす大きな要因になる。民法改正により２０２２年４月より成年年齢が引き下げられ、18・19歳の大学１・２年生世代が新しく成人となった。大学生はいわゆる若年成人であり成熟した成人と比べて知識・社会経験・交渉力などが不十分なため、事業者との格差がより大きく、様々な消費者問題に巻き込まれる危険がある。そのため大学生など若年成人における消費者問題の予防・救済が課題となっている。これは法的課題であると同時に教育的課題でもある。こうした大学生など若年成人の消費者問題を防止し、消費者被害から救済するための対策としては、二つのアプローチがありうる。一つが消費者教育の推進、もう一つが消費者被害救済に関する法の整備である。筆者は民法や消費者法を研究対象としているが、消費者教育にも関心を有している。そこで本章では、第一のアプローチに争点を当て、大学生の消費者問題の現状を踏まえながら、大学生に対する消費者教育のあり方について考える。

第2節　大学生の消費者問題の現状

消費者問題の発生状況

消費者白書によると、2022年度に全国の消費生活センター等で受け付けられた消費生活相談件数（全世代）は約87・0万件、このうち若者（30歳未満）の相談件数は約10・7万件であった（消費者白書（令和5年版）19－23頁参照）。若者の相談件数は全体の12％程度であるが、決して少ない数字とはいえない。それでは若者のうち、大学生世代の消費者問題の発生状況はどうであろうか。民法改正により2022年4月から成年年齢が満18歳へと引き下げられ（民法4条）、大学1・2年生世代の18・19歳が新たに成人となった。これに伴い、親の同意なく単独で契約できる年齢は18歳以上となり（同法5条1項）、未成年者取消権を行使できる年齢は18歳未満とあらためられた（同条2項）。成年年齢引下げ以前より、若年成人（20から24歳）の消費生活相談件数は、成人前未成年者（18・19歳）の相談件数に比して高い傾向があり、「成年になることが消費者被害に遭う一つの転換点」とされていた（図1。WG報告書3頁）。そこで、成年年齢引下げにより18・19歳の消費者被害が増加するのではないかと懸念されてきた（米山75頁、基本的な方針2頁ほか）。この点、成年年齢引下げ前（2017年から2021年ま

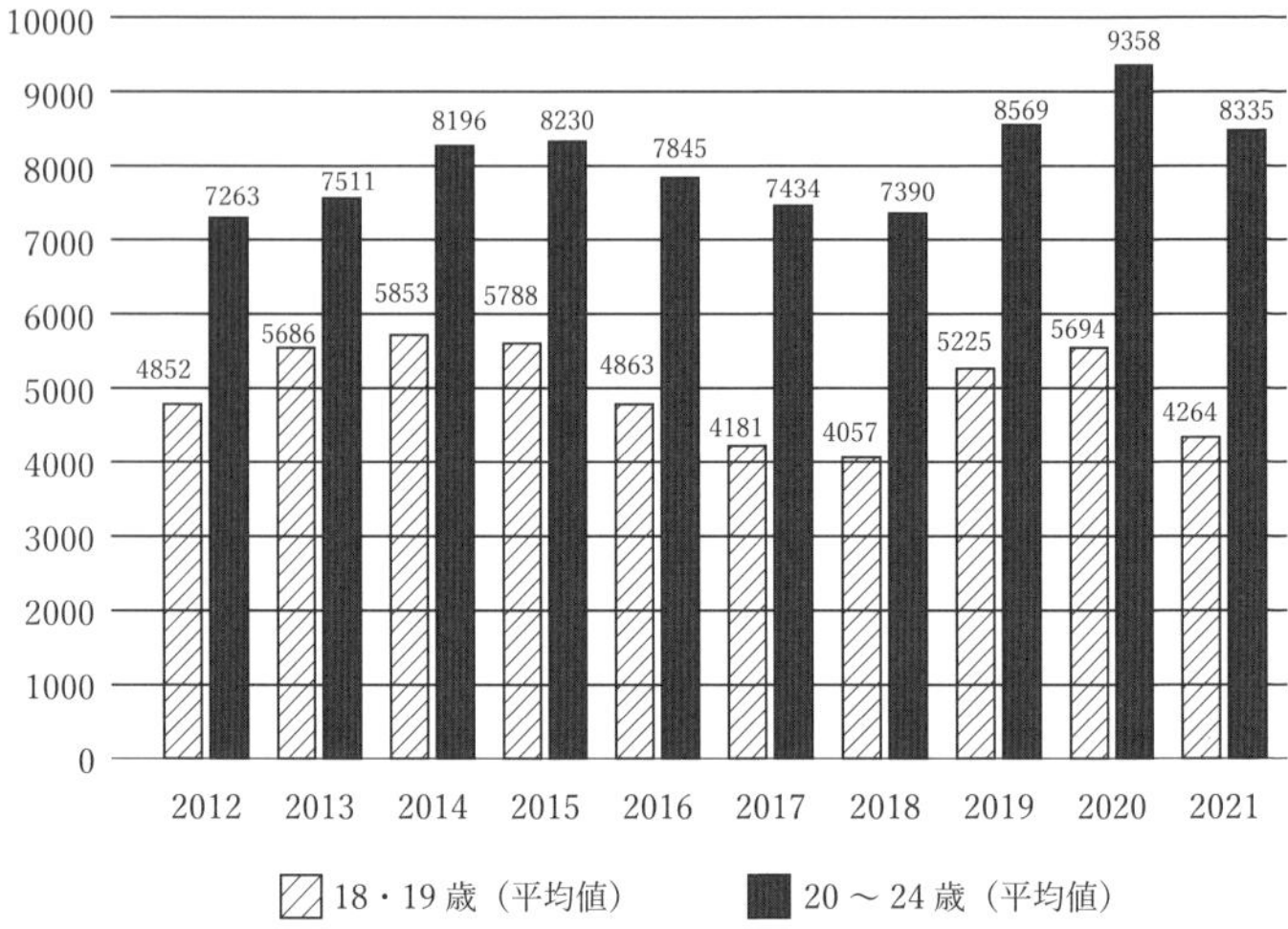

＜出典＞内閣府・政府広報オンライン「18 歳、19 歳の皆さん、ご用心！成人になると増える、こんな消費者トラブル～ 18 歳から大人～」（2023 年）から引用
https://www.gov-online.go.jp/useful/article/201801/1.html

図 1　18・19 歳、20 から 24 歳の年度別消費生活相談件数（平均値）

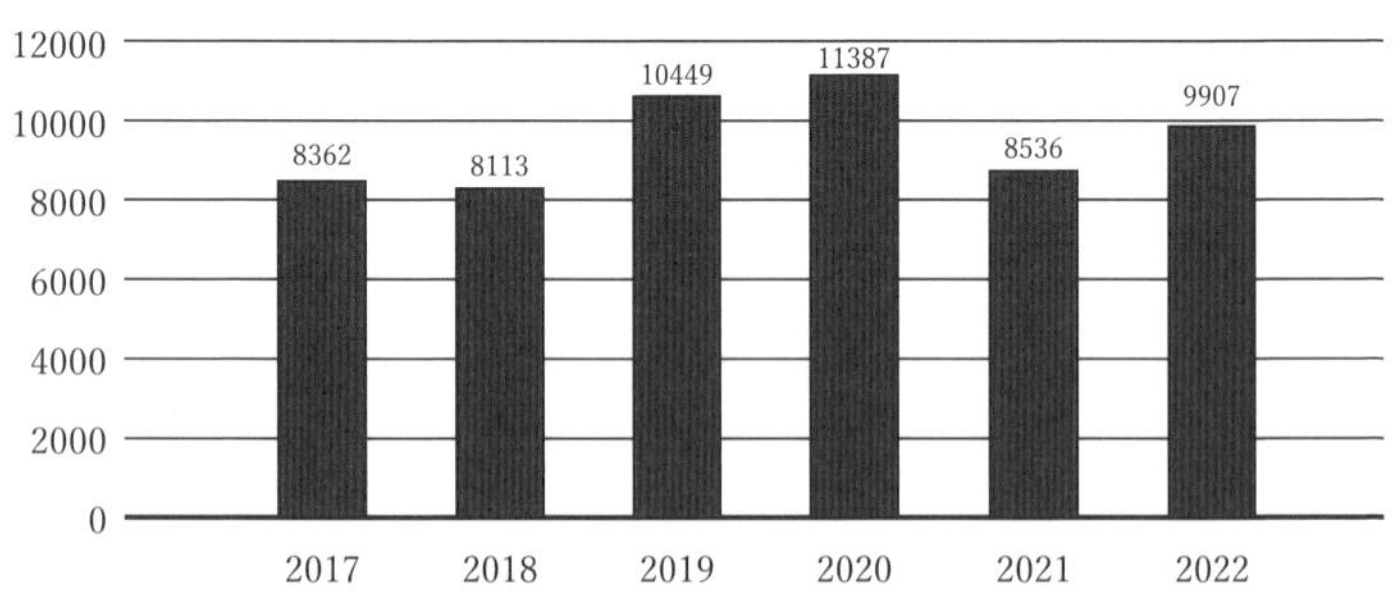

＜出典＞ 国民生活センター報告書「18 歳・19 歳の消費者トラブルの状況―成年年齢引下げから 1 年―」（2023 年）から引用

図 2　18・19 歳の年度別消費生活相談件数

で）の18・19歳の消費生活相談件数（合計）は約８０００から１万１０００件であり、成年年齢引下げ後（２０２２年度）は９９０７件であった（図２）。これを見ると、18・19歳の相談件数は、成年年齢引下げ後に大きく増加したわけではない。しかし、18・19歳の消費者被害は統計的に表面化していないだけで、潜在的にはより多いのではないかとの見解もある。例えば、谷口（2023）は、若者は消費者トラブルにあったとしても国民生活センターなどの公的機関を相談先として考えていない傾向にあるとし、「相談件数に関する統計資料には表れていない若者の消費者トラブルが実際にはあるのではないか」とする（谷口１４８頁）。今後、大学生世代である18・19歳の消費生活相談件数がどのように推移していくかについては、継続的に注視していく必要があるだろう。

消費者問題の発生要因と内容

大学生は、自分で契約を行う機会が増えるほか入学を機に実家を離れて一人暮らしをするなど、消費生活環境が大きく変化する時期である。しかし、大学生は成人しているとはいえ社会経験が乏しく、消費者トラブルに巻き込まれる可能性が高い。特に、大学１・２年生は成年年齢引下げにより新たに成人となったばかりの18・19歳がほとんどで、消費者トラブルの危険性がさらに高まる年代である。大学生が消費者問題に巻き込まれる要因としては、年齢的な未熟さ、物ご

表１　男女別 18・19 歳の消費生活相談内容の上位件数（2022 年度）

男性			女性		
順位	商品・サービス	件数	順位	商品・サービス	件数
	総件数	4,211		総件数	5,027
1	出会い系サイト・アプリ	273	1	脱毛エステ	974
2	商品一般	272	2	商品一般	228
3	賃貸アパート	134	3	他の内職・副業	223
4	アダルト情報	125	4	他の健康食品	170
5	他の内職・副業	122	5	出会い系サイト・アプリ	168
6	脱毛剤	120	6	医療サービス	166
7	普通・小型自動車	112	7	賃貸アパート	126
8	役務その他サービス	104	8	コンサート	125
9	脱毛エステ	102	9	アダルト情報	107
10	他の健康食品	99	10	役務その他サービス	89
10	インターネットゲーム	99			

※国民生活センター PIO-NET に登録された消費生活相談件数（2023 年 3 月 31 日までの登録分）

<出典>消費者庁「消費者白書（令和 5 年版）」29 頁・図表「18 歳・19 歳の消費生活相談の商品・サービス別上位件数（2022 年）」から引用

とに対する適切な判断力の欠如、契約に関する知識や社会経験の不足、金銭的・経済的な不安定さ、対人関係やコミュニケーションへの苦手意識、将来や働くことへの不安などが挙げられる（消費者白書（令和４年版）74頁参照）。大学生がこうした脆弱性につけ込まれて消費者トラブルに巻き込まれるケースは少なくない。たとえば、契約内容をしっかり理解確認せずに契約する、弱みや悩みにつけ込まれて契約する、「絶対にもうかる」「お金を増やせる」などのうまい話にのせられて契約する、断りにくい状況に追い込まれて契約する、借金・ローン・クレジット契約を勧められて高額商品やサービスの購入契約を結ばされるなどのトラブルに巻き込まれることになる。従来、子どもや大学生のような若年者のほか、高齢者、障がい者などは、「脆弱な消費者（vulnerable consumer）」と呼ばれ、わが国を含め諸外国で、その保護のあり方が議論されてきた（角田９７９頁以下、菅47頁以下、岩本（2021）45頁以下など参照。外国文献として、Vulnerable Consumers and the Law など参照）。

　２０２２年度に国民生活センターへ寄せられた18・19歳の消費生活相談で件数の多いトラブルとしては、以下のものが挙げられる（表1。消費者白書（令和５年版）28、29頁参照）。まず、「脱毛エステ」、「健康食品」、「出会い系サイト・アプリ」、「内職・副業」、「賃貸アパート」に関するトラブルが男女とも上位であった。このほか、男性では「自動車」「インターネットゲーム」、女性では「医療サービス」「コンサート」が上位10位以内に入っている。特に、美・健康（脱毛、医療サービスなど）、金・もうけ話（内職・副業など）、出会い（出会い系サイト・アプリ）に関するトラブルが多い状況である。若年者の嗜好やニーズに関わる商品・サービスにおいてトラブルが多く発生しているのがわかる。成年年齢引下げにより18・19歳の大学生は成年となったが、いまだ契約に関する知識や社会経験などが未熟であることから、それにつけ込まれてトラブルになっていると思われる。

第3節　若年者に対する消費者教育推進

消費者の権利と消費者教育

消費者が消費者トラブルを防止し被害に対応するためには、そのための教育を受ける機会を与えられなければならない。そして消費者教育を受けることは消費者の権利でもある。これは従来わが国のみならず諸外国において認められてきたことである。１９６２年、米国ケネディ大統領は、「消費者利益の保護に関する特別教書」において、消費者の権利（Consumer Rights）として、次の４つを明らかにした。①安全への権利（The Right to Safety）、②情報を与えられる権利（The Right to be Informed）、③選択をする権利（The Right to Choose）、④意見を反映させる権利（The Right to be Heard）である。その後、１９７５年には、⑤消費者教育を受ける権利が追加された。そして、１９８２年、国際消費者機構（Consumers International）は、消費者の権利として次の8項目を提示した。①生活の基本的需要が満たされる権利（The Right to Satisfaction of Basic Needs）、②安全への権利（The Right to Safety）、③情報を与えられる権利（The Right to be Informed）、④選択する権利（The Right to Choose）、⑤意見を反映させる権利（The Right to be Heard）、⑥補償・救済を受ける権利（The Right to Redress）、⑦消費者教育を受ける権利（The Right to Consumer Education）、⑧健全な環境を享受する権利（The Right to a Healthy Environment）である。このように「消費者教育を受ける権利」は国際的に消費者の権利として認められている（谷本14－15頁参照）。そして、わが国においても、消費者基本法2条1項が「教育の機会が提供され…ることが消費者の権利であることを尊重する」と定め、消費者教育推進法1条も「消費者教育の機会が提供されることが消費者の権利である」と規定しており、消費者教育を受ける権利が明示的に認められている（細川11－13頁参照）。

消費者教育推進に関する法と政策

わが国では立法や政策として消費者教育が推進されてきた。まず、消費者基本法は2条1項において、消費者政策の推進は「消費者が自らの利益の擁護及び増進のため自主的かつ合理的に行動することができるよう消費者の自立を支援することを基本として行われなければならない」と定めている。そして、同法17条1項では、「国は、消費者の自立を支援するため、消費生活に関する知識の普及及び情報の提供等消費者に対する啓発活動を推進するとともに、…学校、地域、家庭、職域その他の様々な場を通じて消費生活に関する教育を充実する等必要な施策を講ずるものとする」としている。これを受けて、2012年に成立した消費者教育推進法が消費者教育に関する基本的な施策について定めている。同法2条1項によると、消費者教育とは、消費者の自立を支援するために行われる消費生活に関する教育（消費者市民社会に関する教育を含む）および啓発活動をいうとされている。そして、同法3条は基本理念として、「消費者教育は、消費生活に関する知識を修得し、これを適切な行動に結び付けることができる実践的な能力が育まれることを旨として行われなければならない」のであり（1項）、「消費者が消費者市民社会を構成する一員として主体的に消費者市民社会の形成に参画し、その発展に寄与することができるよう、その育成を積極的に支援することを旨として行われなければならない」としている（2項）。これに基づき、消費者教育の推進に向けた、国・地方公共団体の責務、消費者団体・事業者及び事業者団体の努力義務を明示するとともに（4～7条）、学校・大学・地域における消費者教育の推進に関する規定が設けられている（11～13条）。この消費者教育推進法にしたがい、消費者教育推進の具体的な政策として、「消費者教育の推進に関する基本的な方針」（9条）と学校等における「基本的施策」（11～18条）が策定されている。まず、前者については、消費者庁が「消費者教育の推進に関する基本的な方針（令和5年）」を定めている。ここでは、消費者教育の体系的・総合的な推進のために、消費者教育に必要な内容、効果的な方法、消費者教育の担い手の育成のあり方などの方針が示されている（基本的な方針1頁参照）。後者については、幼児・児童・生徒・大学生・成年・高齢者など各発達段階に応じた消費者教育の推進が図られている（文科省指針など参照）。これに基づき、小中高の学習指導要領では家庭科や社会科などにおいて消費者教育が指導内容として含まれているほか、多くの大学が消費者教育や啓発活動を実施している。しかし、こうした消費者教育の推進に関する立法や政策が定められていても、実際には小中高や大学において十分な消費者教育が実施されているとはいい難い状況である。

成年年齢引下げと若年者に対する消費者教育推進

右記のように、立法や政策により小中高や大学等のみならず社会人や高齢者などをも対象とした消費者教育の推進が図られているが、最近は特に成年年齢引下げに伴い若年者に対する消費者教育の充実が求められている。これにつき、成年年齢引下げ前後にかけて、行政によりさまざまな施策が講じられてきた（岩本（2023）20頁参照）。まず、2018年には、若年者への消費者教育の実施を推進するため、関係4省庁（消費者庁、法務省、文部科学省、金融庁）の連携により、「若年者への消費者教育の推進に関するアクションプログラム」が実施された。ここでは、成年年齢引下げの影響を受ける高校や大学における消費者教育の推進が図られた。特に、大学については、教職課程における消費者教育の内容充実、外部人材の活用などの施策が提示された。次に、

２０２１年には、関係4省庁の連携により、「成年年齢引下げに伴う消費者教育全力キャンペーン」が展開された。そこでは、地方公共団体・大学・消費者団体・メディア等の連携、大学への情報発信、消費者セミナーや出張授業等の実施の働きかけ、消費者教育に関するコンテンツの作成・活用などが提案された。そして、成年年齢引下げ後の２０２２年には、関係4省庁により、「成年年齢引下げ後の若年者への消費者教育推進方針―消費者教育の実践・定着プラン―」が定められた。具体的には、高校や大学における消費者教育のさらなる推進、事業者における若年社会人への消費者教育の推進、若年者に対する広報・啓発、消費者教育関連コンテンツの充実・活用促進などが図られている。特に、大学については、消費生活センターとの連携、大学生に対する消費者被害防止に向けた指導などが提示されている。このように行政施策として若年者に対する消費者教育の推進が図られてきたが、こうした行政の取組みが功を奏しているかどうかについては、今後の消費者被害発生状況や消費生活相談件数の推移等を見守っていく必要があるだろう。

学習指導要領における消費者教育推進

大学生の消費者被害を防止するためには、大学生になるまでの小中高の学校教育において、発達段階に応じた適切な消費者教育を実施することが求められる。すなわち、成年年齢引下げにより多くの若者が高校３年生あるいは大学１年生で成年となるため、成年になるまでの小中高の段階から、契約や消費者問題に関する知識や関心、消費者被害に対応するための能力などを高める必要がある（ＷＧ報告書15頁参照）。そこで、小中高の学習指導要領では、児童・生徒の発達段階に応じた消費者教育に関する学習指導内容が指定されている。まず、小学校学習指導要領（平成29年告示）では、家庭科の「消費生活・環境」において「売買契約の基礎」について触れるよう示されている。中学校学習指導要領（平成29年告示）では、社会科（公民）において「契約」「身近な消費生活」が指導内容として挙げられ、「消費者の保護」「消費者行政」などについて取り扱うことが示されている。また、技術・家庭科では「売買契約の仕組み」「消費者被害の背景とその対応」「消費者の基本的な権利と責任」「消費者被害」などについて指導することが示されている。そして、高等学校学習指導要領（平成30年告示）では、公民科（公共）において「法や規範の意義及び役割」「多様な契約及び消費者の権利と責任」が指導内容として挙げられ、特に「私法に関する基本的な考え方」についても扱うべきことが示されている。家庭科では「消費者の権利と責任」「契約の重要性」「消費者保護の仕組み」などが指導内容として挙げられ、「多様な契約やその義務と権利」「消費者信用」などの問題も扱うことが示されている。また、消費者庁が、中学生や高校生向けの消費者教育教材（『社会への扉』など）を公表しており、学校における消費者教育でこれらを活用することが推奨されている。

このように小中高では学校教育の一環として消費者教育が実施されているが、多くの問題点が指摘されている。例えば、消費者教育に割かれている授業時間が少ない、学校教育での学習がどの程度効果があったか明確でない、学校教員の負担が大きい、適切な教材に関する情報提供が十分ではないなどの指摘がある（WG報告書5－6頁）。そのほか、十分な内容の消費者教育ができていない、消費者教育に関する教員の指導力が不足しているといった問題点も挙げられる。なお、河上（2021）は、「学校教育現場では、残念ながら、『消費者教育』がまだまだ正面から必要な教育内容として受け入れられていない」とし、「学習指導要領などで具体的に、どの段階で、如何なる教材を用いて、如何なる目的で、何を学ばせるかを明らかにしていく必要があり、これを教える指導者の育成が課題である」とする（河上（2021）9頁）。改善策としては、小中高の発達段階に応じて、適切な内容や方法で消費者教育を実施すること、小中高における消費者教育の十分な学習時間を確保すること、教員養成段階（教職課程）における消費者教育を充実させることなどが必要となるだろう。

第4節　大学における消費者教育のあり方

大学における消費者教育の現状

それでは、新たに成人となった18・19歳のほか20歳代前半の若年者が所属する大学では、学生に対してどのように消費者教育を行っているであろうか。この点、文科省が大学等（短大・専門学校を含む）1175校に対して実施した「消費者教育に関する取組状況調査 報告書」が参考になる。令和３年度の調査結果を見ると（取組状況調査報告書51頁以下）、多くの大学が学生に対して消費者問題に関する啓発・情報提供・相談窓口対応などの取組みをしているとされる。その方法としては、「学内へのポスター等の掲示（79・9％）」、「入学時等におけるガイダンス（56・8％）」、「学生便覧等への記載（46・4％）」、「学生向けwebサイトへの掲載（31・0％）」、「刊行物の作成・配付（24・3％）」、「メールやSNSによる情報配信（20・3％）」などが多い。相談窓口対応については、「学生部等の学生生活担当部局において対応している（75・2％）」の割合が最も高い。それ以外の取組みとして、「行っていない」と回答した大学は43・2％もある一方で、「講義やゼミにおいて消費者問題に関する教育を行っている」とした大学は５割程度（50・6％）であった。そこで取り扱われたテーマは、「消費者（71・1％）」、「消費生活（51・4％）」、「契約（42・9％）」、「悪質商法・悪徳商法（40・1％）」などが多い。このように、多くの大学では、啓発・情報提供・相談窓口対応などの取組みを中心に実施しており、講義やゼミで消費者教育を行っている大学は年々増加しているとはいえ５割程度にとどまっている。こうした現状を見ると、いまだ多くの大学では消費者教育に関する取組みが不十分であると言わざるを得ない（WG報告書６頁）。そこで、以下では、大学生に対する消費者教育の具体的方策について検討する。

大学生に対する消費者教育

大学生が消費者教育を受けることは、学生自身の自立支援になるだけでなく、学生が将来家庭をもったとき子供に消費者教育ができるようになるという意味がある。また、小中高の社会科や家庭科などの教員志望者が大学で十分な消費者教育を受けることは、教員志望者自身が消費者教育の指導力を得ることができるとともに、将来その受け持つ生徒が十分な消費者教育を受ける機会を享受できるという意味合いもある。つまり、大学における消費者教育は、学生自身のみならず、将来世代の消費者にも影響を与えるものであるといえる。そこで大学生に対する消費者教育は、学生自身が自立支援として消費者問題に関する知識・思考力・対応力を養えるようになることのほか、教員志望者については消費者教育の指導力を向上させることなどを目指して行われるべきである。具体的には、まず第一に、大学の講義や演習（ゼミなど）において消費者教育を実施することが挙げられる。前述の取組状況調査報告書でみたように、多くの大学が消費者問題について学生に啓発・情報提供・相談窓口対応を行っている。その一方で、講義やゼミなどで消費者教育を実施している大学は５割程度にとどまっている。消費者問題に関する知識や思考力、対応力を養うためには、学生への啓発・情報提供・相談窓口対応などだけでは十分ではなく、消費者問題についての実践的な講義や演習などを行うことが必要である。特に大学初年次生のほとんどは18・19歳で成年年齢引下げにより新たに成人したばかりであるため、消費者トラブルに巻き込まれるおそれが強く、その予防として大学年次の早い段階から講義や演習などにおいて消費者教育を受ける必要性が高い。また、これまで小中高で学んだ消費者教育との継続性を確保して知識をアップデートするためには、大学初年次に消費者教育を履修できる機会を与えるべきである（坂東33頁参照）。そこで、初年次の講義や演習（一般教養科目、全学共通科目、新入生演習科目など）において消費者教育を実施するのが効果的である（神山99頁以下参照）。その他、消費者教育コーディネーターと連携して、消費生活相談員や法律専門家（弁護士・司法書士など）による講座やセミナーを初年次科目の中で実施することも考えられる。第二に、教職課程についても消費者教育を充実させることが必要である。特に社会科や家庭科などの教員を目指す学生は、将来小中高で消費者教育を担う人材である。教職課程を履修する学生が大学において消費者教育について十分に学ぶ機会があるかどうかは、小中高での消費者教育の実践にも大きな影響を及ぼすことになる（ＷＧ報告書20頁参照）。前述したように、小中高における消費者教育の不十分さや、小中高教員の消費者教育に関する指導力不足などが指摘されている。小中高における消費者教育を充実させ、消費者教育を担う教員の指導力を向上させるためには、大学の教職課程における消費者教育が十分に行われなければならないだろう（文科省指針８頁、大本（2019）71頁以下参照）。

私法教育の重要性

前述の文科省による取組状況調査報告書によると、大学の授業や演習で実施されている消費者教育では様々なテーマが取り上げられている。しかし、その内容を見ると、自立した消費者として消費者問題に関する知識・思考力・対応力を身につけるために必要な法教育が疎かになっているように見受けられる。消費者教育における法教育の重要性については、多くの論者によって指摘されてきた。例えば、河上（2012）は、「法教育の充実によって一般市民が消費者としての権利・義務を自覚することは、社会生活の共通ルールが、『法』というかたちをとって存在している以上、その自律的な行動にとって不可欠の基盤となる」とし、「消費者教育において法教育の果たすべき意義は、きわめて大きい」とする（河上（2012）8頁）。また、消費者教育において「コンシューマー・リーガルリテラシー」を育成すべきであるとの主張もある。大本（2017）によると、「コンシューマー・リーガルリテラシー」とは、消費者市民社会の構成員に必要なリテラシーの一つであるとされ、そこにおいて育成されるべき力として、「法的なものの見方、考え方ができる論理的思考力」、「リスク回避の対応力と行動力」、「消費生活に関連する法律や制度の本質を正しく理解できる判断力」、「主体的に意見を述べたり要望を発信したりできる思考力・表現力」を挙げる（大本（2017）41頁以下、同（2021）１０２－１０３頁参照）。成年年齢引下げを踏まえて考えると、大学生がこうした消費生活に関わる法的リテラシーを高める必要性は大きい。したがって、大学生に対する消費者教育では、法教育を通して、消費者問題に関する法律などの知識の修得、消費者問題に対する法的・論理的思考力の養成、消費者問題に対処する対応力の育成が目指されるべきである。

一般に、法教育には、憲法や行政法などの公法教育、民法や商法などの私法教育がある。このうち消費者教育においては、特に私法教育の重要性が指摘されている（福本２０２－２０５頁など参照）。行政の報告書や指針においても、このことが明記されている。例えば、基本的な方針では、「自立した消費生活を営むためには、消費活動の前提となる身近な法律である私法の基本的な考え方（私的自治の原則、契約自由の原則など）を理解する必要がある。この点で、商品・サービスの選択から契約に至る一連の過程の背後にある私法の基本的な考え方を理解し、考える態度を身に付け…ることが重要である」とされている（基本的な方針16頁。そのほか、ＷＧ報告書23頁、法教育推進協議会報告書１頁以下なども参照）。また、大学の消費者教育においても、私法教育を充実させるべきであるとされる（文科省指針７頁など参照）。従来、中高など学校での消費者教育においても、一応私法教育は行われてきた。しかし、そこでの私法教育は、契約の表面的知識やクーリング・オフ制度などの特別法に関する断片的知識が中心で、私法の一般原則、契約の原理・原則、一般法（民法）と特別法（消費者契約法や特定商取引法など）との関係について、しっかりと教育されてこなかったとされる（福本２０２－２０５頁）。大学生など若年者が消費者問題に対処する知識・思考力・対応力を身につけるためには、学校および大学の消費者教育において私法教育を充実させることが必要である。なお、森田・小川（1997）は、「民法をもとにした権利、義務意識教育が有効な消費者教育の一つである」とし、「消費者教育において市民法である民法についての教育が担うべき役割は大きい」として、私法のうち特に民法教育の重要性を指摘している（森田・小川99頁）。

そこで、大学生に対する消費者教育ではどのように私法教育を行うべきかについて、いくつかのポイントを示したい。まず、①私法を体系的に理解させることが重要である。すなわち、私法の体系において、民法が一般法であり、消費者契約法やクーリング・オフ制度について定めている特定商取引法などは特別法であるということを理解させる必要がある。私法の一般法である民法と特別法の関係性を意識しながら体系的に学ぶことにより、消費者契約法の取消規定や特定商取引法のクーリング・オフ制度など特別法領域の知識をより深く理解することができるようになるだろう（福本２０２－２０５頁参照）。次に、②私法の一般原則を理解させることである。すなわち、近代私法の三大原則である私的自治の原則、所有権絶対の原則、過失責任の原則といった原理・原則を正しく理解してこそ、契約解除やクーリング・オフ、消費者被害に対する損害賠償請求などの対応ができるようになる（法教育推進協議会報告書４－10頁参照）。そして、③信義誠実の原則（信義則）、公序良俗、不法行為など民法の基本規定を理解させることも必要である。すなわち、消費者契約法や特定商取引法などでは救済・解決できない問題でも、民法の基本規定により解決できる場合があることを理解させるためである。例えば、消費者契約法３条の努力義務規定や４条の取消規定では問題を解決できない場合でも、信義則（１条）、公序良俗（90条）、不法行為（709条）などの民法の基本規定を法的根拠として消費者問題が解決できることもあると理解させる。④そのほか、消費者問題に関する裁判例学習も効果的である。裁判例学習により、実際の事例を通して消費者問題とその法的解決方法についての知識を得ることができるとともに、消費者問題についての思考力と対応力を養うのにも有効であると思われる。

第5節　おわりに

本章では、大学生の消費者問題の現状、若年者の消費者教育の推進に関する立法や政策、学校による消費者教育の取組状況などを踏まえながら、大学における消費者教育のあり方について検討してきた。特に大学がどのように消費者教育を行うべきか、すなわち教育機関である大学が消費者教育において果たすべき役割に主眼を置いて論じた。しかし、消費者取引および消費者問題の主たる当事者は消費者と事業者であり、その両者が消費者教育において果たすべき役割も小さくない。つまり、消費者教育においては、消費者自身の努力と事業者の責務についても考慮しなければならない。

まず、消費者は消費者教育を受ける対象であり権利者である。その一方で、自らも消費者市民社会の一員として自立した消費者となれるよう努力する必要がある。この点、消費者基本法7条1項は、「消費者は、自ら進んで、その消費生活に関して、必要な知識を修得し、及び必要な情報を収集する等自主的かつ合理的に行動するよう努めなければならない」と定めている。また、基本的な方針は、「消費者も、それぞれの生活実態の中で、消費者被害を防止し、自ら安全・安心を確保するために、ルールを知る努力をし、適切な意思決定をし、行動することが求められている」とする（基本的な方針6頁）。つまり、大学生など若年消費者は、将来の消費者市民社会の中心を担っていく者としての自覚を持ち、消費者問題に関する知識・思考力・対応力を身につけて自立した消費者となるべく、自ら積極的かつ能動的に消費者教育を受ける必要があるといえる。

次に、消費者教育においては、消費者取引の相手方である事業者（企業）が果たすべき役割も重要である。この点、消費者教育推進法7条は、事業者と事業者団体の努力義務として、「国及び地方公共団体が実施する消費者教育の推進に関する施策に協力するよう努めるとともに、消費者教育の推進のための自主的な活動に努めるものとする」と定めている。つまり、事業者が消費者教育の推進に協力し、消費者教育推進に関する活動を行うことは、事業者の社会的責任であるともいえる。特に、企業においては自社の従業員が消費者との取引において消費者トラブルや被害を出さないよう、コンプライアンス研修講座などで消費者教育を実施することが求められるであろう（基本的な方針22－23頁参照）。なお、近時、消費者志向経営という考え方が浸透するようになった。これは「消費者と共創・協働して社会価値を向上させる経営」といった意味として捉えられている（消費者庁ＨＰ参照）。企業が消費者教育の推進に協力し、自社の従業員や消費者を含めたステークホルダーに対して消費者教育を実施することは、企業の社会的責任を果たすことになるとともに、消費者志向経営にもつながるのではないかと思われる（WG報告書30－31頁参照）。また、企業が大学生など若年者との消費者取引において必要な配慮を行い、その消費者教育の推進に協力することは、将来に向けて顧客となる若年者との健全かつ継続的な取引関係にもつながるだろう。

引用・参照文献

・消費者庁「消費者白書（令和５年版）令和４年度消費者政策の実施の状況」（２０２３年）
・内閣府・消費者委員会「成年年齢引下げ対応検討ワーキング・グループ報告書」＜ＷＧ報告書＞（２０１７年）
・内閣府・政府広報オンライン「18歳、19歳の皆さん、ご用心！成人になると増える、こんな消費者トラブル～18歳から大人～」（２０２３年）https://www.gov-online.go.jp/useful/article/201801/1.html
・米山眞梨子「消費者庁における成年年齢引下げに向けた消費者教育の取組み」消費者法ニュース１１９号75頁以下（２０１９年）
・消費者庁「消費者教育の推進に関する基本的な方針（令和５年）」＜基本的な方針＞（２０２３年）
・国民生活センター報告書「18歳・19歳の消費者トラブルの状況－成年年齢引下げから1年－」＜国セ報告書＞（２０２３年）
・谷口央「成年年齢引下げと若者の消費者トラブル―引下げから1年を迎えて―」消費者法ニュース１３６号１４８頁以下（２０２３年）
・消費者庁「消費者白書（令和４年版）令和３年度消費者政策の実施の状況」（２０２２年）
・ノルベルト・ライヒ（角田美穂子訳）「ＥＵ法における『脆弱な消費者』について」一橋法学15巻２号９７９頁（４６９頁）以下（２０１６年）

・菅富美枝「脆弱な消費者と包摂の法理（上）―イギリス法、EU法からの示唆」現代消費者法33号47頁以下（２０１６年）

・岩本諭「『脆弱な消費者』概念を手がかりとした若年消費者保護に関する考察」現代消費者法52号45頁以下（２０２１年）

・Christine Riefa and Severine Saintier, Vulnerable Consumers and the Law : Consumer Protection and Access to Justice (Routledge. 1st ed. 2021)

・John F. Kennedy, "Special message to the Congress on Protecting the Consumer Interest", March 15 1962,

・Consumers International (CI), https://www.consumersinternational.org（２０２３年10月20日閲覧）

・谷本圭子・坂東俊夫・カライスコス・アントニオス『これからの消費者法－社会と未来をつなぐ消費者教育』（法律文化社、２０２０年）14－15頁

・細川幸一『大学生が知っておきたい消費生活と法律』（慶応義塾大学出版会、２０１９年）11－13頁

・文部科学省・消費者教育推進委員会「大学等及び社会教育における消費者教育の指針（平成30年改訂版）」＜文科省指針＞（２０１８年）

・岩本諭「消費者市民社会の形成と消費者教育」現代消費者法58号14頁以下（２０２３年）20頁

・消費者庁・法務省・文部科学省・金融庁（若年者への消費者教育の推進に関する4省庁関係局長連絡会議決定）「若年者への消費者教育の推進に関するアクションプログラム」（２０１８年）

・消費者庁・法務省・文部科学省・金融庁（若年者への消費者教育の推進に関する4省庁関係局長連絡会議決定）「成年年齢引下げに伴う消費者教育全力キャンペーン」（２０２１年）

・消費者庁・法務省・文部科学省・金融庁（若年者への消費者教育の推進に関する4省庁関係局長連絡会議決定）「成年年齢引下げ後の若年者への消費者教育推進方針―消費者教育の実践・定着プラン―」（２０２２年）

・文部科学省「小学校学習指導要領（平成29年告示）」（２０１７年）

・文部科学省「中学校学習指導要領（平成29年告示）」（２０１７年）

・文部科学省「高等学校学習指導要領（平成30年告示）」（２０１８年）

・消費者庁「社会への扉―12のクイズで学ぶ自立した消費者―（令和４年改訂版）」（２０２２年）

・河上正二「成年年齢の引下げと若年消費者」消費者法研究11号１頁以下（２０２１年）８－９頁

・文部科学省（リベルタス・コンサルティング）「令和３年度 消費者教育に関する取組状況調査 報告書」＜取組状況調査報告書＞（２０２２年）

・坂東俊矢「若年消費者の契約被害の実際から考える消費者法の課題（再論）」消費者法研究11号11頁以下（２０２１年）33頁

・神山久美「大学初年次における消費者教育―導入の意義と試行―」消費者教育37巻99頁以下（２０１７年）

・大本久美子「18歳成年時代の学校の消費者教育―教員養成の課題―」消費者法ニュース１１９号71頁以下（２０１９年）

・河上正二「民法・法の教育と消費者教育」法と教育３巻５頁以下（２０１２年）８頁
・大本久美子「成年年齢引下げと消費者教育―コンシューマー・リーガルリテラシーの育成を目指して」国民生活研究57巻２号41頁以下（２０１７年）41－59頁
・大本久美子「『21世紀型能力』を育む消費者教育」消費者法研究11号89頁以下（２０２１年）１０２－１０３頁
・福本知行「契約と消費者保護に関わる法教育の研究と実践」金沢法学59巻1号２０１頁以下（２０１６年）２０２－２０５頁
・法務省・法教育推進協議会報告書「私法分野教育の充実と法教育の更なる発展に向けて」＜法教育推進協議会報告書＞（２００９年）
・森田陽子・小川育子「消費者のための法教育（１）―消費者保護における民法の役割と消費者教育における民法教育の必要性―」消費者教育17巻93頁以下（１９９７年）99頁
・消費者庁ＨＰ「消費者志向経営について知る」（２０２３年10月20日閲覧）https://www.caa.go.jp/consumers/consumer_oriented_management/
・河原佑香・柿野成美・庄司佳子・小林知子「消費者志向経営を促進する従業員研修のあり方に関する一考察」消費者教育42巻１１３頁以下（２０２２年）

第2章

日本における経営学の歴史と日本型経営

杤尾　安伸

第1節　はじめに

本稿では、日本における経営学の成立に関わる歴史的な変遷について検討を行う。経営学は、現在では多くの大学において様々な教育や研究が行われている。しかし、この経営学という言葉そのものについては、実のところこれまであまり詳しく指摘されることは少なかったのではないだろうか。経営学部に入学した皆さんの中で、経済学と経営学はなんとなく違うことは理解できていても、明確に答えられる人は少ないのではないだろうか。

私はこれまで経営学部に入学する学生の皆さんに対して、経営学とは人が企業を運営するために必要とする知識の体系である、というような形で説明してきたと思う。しかし、実際のところ、このような説明の仕方が適切であるのかどうか、私自身も判断に迷うことがある。さらに言えば、私は経営学部に入学した皆さんに対して、「経営学は経済学や社会学、心理学などの多くの学問の集合体であるから、経営学部に入学すれば多くの学問を学ぶことができる。したがって、とりあえず経営学部に入学したことは良い選択である」という趣旨の言葉を使っている。しかし、この言葉自体も経営学そのものについての説明を避けていると捉えられても仕方がない。経営学という言葉自体がある意味で当然のこととして捉えられ、改めて経営学とは何か、について問われると、私自身も正直なところ難しいと感じている。

ここで、私自身が経営学を選択して、大学に入学した当初の状況を説明したい。私が大学に入学した当時、日本企業はバブルの時代であった。現在では想像ができない学生の皆さんも多いだろうが、日本企業が学生を集めるために海外旅行に連れて行っていた、ということもよくあった。日本企業は世界一であり、日本企業は海外から賞賛され、日本企業の強さの秘密はどこにあるのか、についても多くの研究が行われていた。このような研究の中でよく用いられた言葉が、日本型経営である。私は日本型経営の研究が盛んに行われていた時期に大学において経営学を学んでいた。現在ではほとんど聞かれなくなった言葉であるが、日本型経営は日本企業や日本という国家が非常に強かった時代において盛んに用いられてきた言葉なのである。

この日本型経営という言葉と、経営学は密接な関係にあると考える。少し極論になるかもしれないが、日本型経営と、日本における経営学がある意味同義であるという視点を本稿では提示したい。なぜなら、日本において経営学が成立したプロセスが日本独自であるからであり、日本独自という視点は日本型経営と同じだからである。この日本の独自性に注目して、日本における経営学の成立と、日本型経営の関係を指摘したい。また、これにより経営学とは何か、について説明の一助にしたい。さらに、日本における経営学成立のプロセスを提示することにより、経営学とは何かについて、従来とは異なる説明を試みたいと考えている。

本稿の構成として具体的には、第２節　江戸時代の士農工商と教育制度、第３節　商家に伝わる家訓と経営との関係、第４節　江戸以前の古来より伝わる産業としての酒造業の特殊性、第５節　学問としての経営学の発展、第６節　日本における経営学教育の発展（明治維新と帝国大学の設立)、第7節　戦後の国家戦略としての産業政策、第8節　おわりに　今後の日本型経営、を提示している。

第2節 江戸時代の士農工商と教育制度、については、経営学の成立プロセスを探る上で身分制度と時代背景を提示したものである。学問として経営学が成立する以前の日本、特に江戸時代の士農工商と教育制度について提示したい。第3節 商家に伝わる家訓と経営との関係、については、江戸時代の商家に注目する。特に、商売の方法がどのように後世に伝達されてきたのか、について商家の家訓の内容に注目する。第4節　江戸以前の古来より伝わる産業としての酒造業の特殊性、については日本古来の産業としての酒造業に注目する。日本の酒造業は日本で最も古い産業の一つであり、産業独自の手法が用いられてきた。日本の独自文化を探る上で酒造業に注目したい。第5節 学問としての経営学の発展、については現在に至る日本の経営学の内容を提示する。日本に導入されたドイツ経営学や、アメリカで発展を遂げた現代に通じるアメリカ経営学との関わりについて論じている。第6節　日本における経営学教育の発展(明治維新と帝国大学の設立)については教育機関である日本の大学との関わりについて明らかにしている。明治維新から設立された帝国大学がどのような役割と発展を遂げたのか、について提示している。第7節　戦後の国家戦略としての産業政策、については本稿の重要なテーマである日本型経営と産業政策との関係について提示している。第8節　おわりに　今後の日本型経営、については本稿のまとめである。グローバル化の進展や日本自体の国力低下、日本企業の衰退など、現在はさまざまな環境変化にある。このような環境変化において日本型経営をどのように捉えるべきかについて提示している。

なお、本稿では経営や経営学、商売や商売の方法、さらには商学などの言葉を利用している。この理由は経営学という言葉自体が様々な変遷を経て現代に至っているからである。近代までは経営学という言葉自体が広く伝搬されていたとは言えない。このため、経営学にまつわる言葉の変遷として理解していただきたい。また、本稿における日本型経営は日本的経営という概念と同義して扱っている。日本型経営と日本的経営はどちらも日本独自の経営手法に注目した言葉である。

第2節　江戸時代の士農工商と教育制度

士農工商とは、江戸時代の身分制度である。ただし、士農工商は実際に現実として機能してきた制度ではない。あくまでも当時の様々な仕事に従事していた人々を、職業別に大別してその関係性を示したものにすぎない。この中で、「士」とは武士のことであり、「農」とは農民のことである。また、「工」とは職人のことであり、「商」とは商人のことである。この中で権力を有していたのが「士」としての武士である。

士農工商の中で、「士」は、いわゆるサラリーマンである。武谷（2007）によると、武士階級の人々はそれぞれが所属する藩に仕えることによって給料である米を、石高制という武士の序列に基づいて支払われていた。もちろん武士の身分によって支払われる米の量は異なっているが、武士は基本的に直接領地を支配しない形で自らのサラリーを受け取っていた。

一方、「農」である農民は耕作権を有する農地から労働によって得た米を年貢という形で支払うことによって生活していた。[1] 当時の人口の大多数を占める農民は、農地を耕す耕作技術そのものを有してはいたが、農地を使って商売を行うという側面は多くはない。

次の「工」とは、職人のことを指す。刀を作る刀工、建物を作る大工、陶磁器などの生活必需品を作る陶工、など食に関わるもの以外の製品を作り出す人々が、「工」としての職人である。当時は非常に価値ある商品を作り出していた職人なども存在していたが、労働移動は容易ではなかった。

最後の「商」は商人のことである。彼らはまさに様々な商品について、売手と買手を仲介することによって生計を立ててきた。着物や酒など様々な生活必需品や贅沢品を流通させる役割を担ってきた。彼らはまさに商売を行うことによって利益を上げた。現在の三越は１６７３年に創業した越後屋から発展した企業であり、三井高利という商人を祖とする企業である。

士農工商のもと、江戸時代には全国で多数の教育施設が存在していた。井出（2014）によると、公的な学校として藩校や郷学、民間の私塾として寺子屋が挙げられる。このうち、数の上からは寺子屋が最も多かった。江戸初期には高階層の子供のみが通っていたが、中期以降は農民を中心とした多様な階層の子供達が通う場となる。これらの教育施設は、当時の初等教育の役割を担っていた。寺子屋では文字の読み方・書き方・計算方法などを教える場であったが、最も重視されるのは読み方と書き方であった。計算方法などはあまり重視されなかったようである。

士農工商と経営学との関係において重要なことは、士農工商が日本における経営学にいくらか関係することにある。士農工商の下で、藩校や郷学さらには寺子屋などで読み方・書き方・計算方法などの教育が行われた。しかし、商売に関わる教育は一部の人々以外にはあまり行われない。商売の方法などの教育を受けられた人々は主に商人などに限られる。[2] 西門（1986）によると江戸時代においては商売やそれにまつわる知識が商人など一部の人々に限定されていた。商売の方法として広く多くの人々に伝搬されるようになったのは、明治以降の工場制工業が出現して以降である。

以下では、江戸時代において商売の方法に通じていた商人に焦点を当てたい。特に商家に伝わる家訓に注目したい。この理由は、それぞれの商家に伝わる家訓が、商売の方法だけでなく、経営学における重要な概念である経営理念として重要な役割を果たしていたからである。

1　自分の土地を耕作する自作農と、小作料を払って地主の土地を借りて耕作する小作農が存在する。

2　西門（1986）によると、江戸時代において商取引自体は非常に盛んに行われていた。彼によると、計算方法などについても和算や測量技術など日本独自のものが存在していた。

第3節　商家に伝わる家訓と商売の方法

商家に伝わる家訓の意義を提示する前に、現代の経営学における重要なテーマである経営理念について触れておかなければならない。経営理念の重要性を日本において最も早く提示した一人である松下幸之助を紹介しよう。

経営の神様と呼ばれる松下幸之助氏は明治27年11月に和歌山市に生まれる。彼は現在のパナソニック株式会社の前身である松下電器産業株式会社を一代で築いた偉大な経営者である。彼自身は学業として経営学を学んだ経験がない。そもそも彼は尋常小学校４年の９歳の時に大阪に丁稚奉公として出されるため、その時点から学校で学ぶという機会を失ってしまった。にもかかわらず、彼は多くの失敗を経験しながらも事業を成功させた。彼にしてみれば経営学はまさに自らの体験から学んだ実務経験の積み重ねのようなものである。

この経営の神様は、水道哲学という非常に有名な経営哲学を提示した。この内容は、世の中に水道水のように商品を大量に生産・供給することで商品自体の価格を下げることにより、多くの人々に安価に商品を手に入れられる社会を目指すという考え方である。

この水道哲学と類似したものが、江戸時代の商家に伝わる家訓の中に記されている。家訓とは、商家それぞれの先祖が商売を続ける中で培われた様々な知識が詰め込まれたものであり、また成功や失敗などの経験などから得た先祖伝来の言葉のようなものであった。

「老舗企業の研究」（横澤利昌編 2020）において、後藤（2020）は老舗企業の求心力としての働きをするものである、とされる。老舗企業には代々受け継がれた家訓が存在する。例えば、三井高利を創始者とする三井グループや、岩崎弥太郎が創始者となる三菱グループなどにも代々伝わる家訓や家憲が存在する。後藤によると、これらの老舗企業においてはもちろん創始者としての強烈なリーダーシップは必要である。しかし、老舗企業として存続するためには、リーダーシップでは十分ではない。家訓としての役割が重要なのである。

従って家訓とは、現代の経営学のような経営手法や理論などを、後の事業経営に携わる人々に伝達するものではないが、商家の家訓そのものに提示されている内容は、商家それぞれの事業における経営の本質を体現したものであるといえる。

第４節　江戸以前の古来より伝わる産業としての酒造業の特殊性

江戸時代以前の日本においては経営学自体が存在しない。商家に伝わる家訓についても、もちろん現代の経営学に通じる内容ではない。商売のやり方などの具体的な内容そのものは、商家において親から子へと実務を通じて伝達されるが、現在のような学問として多くの人々に伝達される状況ではなかった。しかし、産業レベルで検討すると、日本で最も古い歴史を有する酒造業は、経営手法において日本の独自性を有している産業である。[3]

日本において、酒造業は大化の改新（645年）以降の律令時代より始まったとされる。特に大規模な酒造業の発展が見られたのは、現在の兵庫県伊丹市である。現在でも伊丹市にはいくつかの蔵元が存在するが、酒造業の発展は伊丹の地から、現在の兵庫県西宮市から神戸市の灘と呼ばれる地域へと広がることによって、より多くの発展をすることになる。この発展において非常に重要な役割を果たしたのが船舶である。当時からの大規模消費地である江戸に船によって酒を運ぶ上で西宮から神戸の灘という地域は非常に地の利を得ていた。

また、現在の伊丹市や、西宮市から神戸市灘区などの地域が兵庫県に位置していることも非常に重要である。兵庫県の北に位置する丹波地域には非常に優れた杜氏がいた。これらの人々は丹波杜氏と呼称される。杜氏とは酒造りを行う責任者のことであるが、これらの人々と西宮や灘などの地域が地理的に非常に近いという環境も、酒造りが兵庫県で発展した重要な要因である。ここで、杜氏について説明しなければならない。杜氏とは酒造りを行う技術者のことであり、酒の味を決める責任者の立場でもある。酒造りは杜氏を頂点とする蔵人と呼ばれる人々のグループで生産される。かつて兵庫県の北部の丹波地域には杜氏や蔵人が非常に多く存在し、農閑期になると兵庫県南部の西宮や灘の地域にある蔵元へ住み込みで働きに出かけていた。酒は現在では非常に多くの種類があり、海外への輸出も昨今非常に増えている状況にあるが、昔の酒造りにおいては、酒の味を決めるのは杜氏の役割であった。したがって、当然のことながら蔵元によって味は異なる。ここに酒造りの特殊性がある。杜氏によって味は異なるため、蔵元にとって品質を安定させるためには、杜氏を頻繁に変えることは難しい。杜氏を変えることは味を変えることにつながってしまうからである。このため、蔵元は杜氏とその配下の蔵人との長期的な関係を維持しなければならない。彼らとの関係は農閑期のみという期間限定の季節雇用契約にならざるを得ないが、長期にわたって杜氏と蔵人との関係を維持する必要があった。酒の味の変化を嫌う蔵元にとっては、杜氏が引退する場合も同じグループの蔵人の中から新たに杜氏を選抜しなければならない。このような関係により、蔵元にとって自社のブランドを維持するための対策として、杜氏と蔵人との関係は一時的な雇用関係であっても長期的な関係となり、季節労働者としての杜氏には非常に大きな権限を有することになった。この結果、酒造りは外部の季節労働者としての杜氏と蔵人が担い、酒を流通させる役割は蔵元が担うという非常に特殊な関係になる。現在の酒造りは多くの場合、蔵元に直接雇用されている杜氏や蔵人が担う場合がほとんどであるが、このような酒造りと酒の流通の同一化は、近年の日本の工業化以降のことである。

3　酒造業については、日本遺産ポータルサイト (https://japan-heritage.bunka.go.jp) や丹波杜氏酒造記念館 (https://www.toji.sasayama.jp)、杤尾（2C10）において提示している。

一般的に江戸時代やその後の明治以降の近代日本において、米や反物その他一般的な商品などは生産者と流通はそれぞれ別の人々が行ってきた。米を生産するのは生産者たる農民であり、流通させるのは商人である。酒造りにおいても生産するのは蔵元であり、流通させるのは商人であることに変わりはない。しかし、蔵元の中での実際の生産は長期的な雇用関係にある季節労働者の杜氏や蔵人が担っていることは、近代における酒造業の特殊性であると言って過言ではない。

第5節　日本における学問としての経営学の発展

日本における学問としての経営学について言及する前に、経営学そのものの歴史についても指摘しておかなければならない。

世界的に見れば、現代経営学そのものの発展には、アメリカにおけるテイラーの科学的管理法（1903）が大きな影響を与えている。科学的管理法とは①課業管理、②作業の標準化、③作業管理のために最適な組織形態、という三つの部分で構成される。このうち、①課業管理とは、1日あたりの作業範囲を設定することにある。それぞれの作業者一人一人の作業を達成可能な範囲に設定することで、作業者の作業の満足度を高めることが目的である。また、②作業の標準化とは、時間や動作の研究などによって標準的な作業時間と手順などを設定することである。最後に③作業管理のために最適な組織形態とは、生産計画の立案をする部署と実務として生産を行う部署を別々に行い、仕事内容によって部署を分けるという職能別組織を確立することである。

このような科学的管理法を契機として、現代のような経営学のその後の発展に至るのであるが、実は学問としての経営学はドイツが発祥である。西門（1986）によれば、ドイツにおける経営学は三段階を経て形成された。最初は、19世紀末頃から独占的大規模経営問題の解決に体系的な知識を必要とされるようになり、収益性より経済性が問題の中心となった段階である。第二段階では、世界大戦などによる激しいインフレーションなどによりたような研究が行われるようになった。第三段階では、第二次大戦後における国民経済学の手法を採り入れた新しい方向性を見出そうとした。これに対してアメリカでは、個別的かつ実践的な問題についての問題解決志向が強いという特徴を持つ[4]。

ドイツで始まりアメリカで発展した経営学を、日本は導入することになる[5]。具体的には、日本における学問としての経営学の始まりは、工場制が日本各地に導入されて以降である。西門によると、この発展の歴史は、①前期、②初期、③中期、④現在、に分けられる。

①前期においては、ドイツ経営学が移入され、経営学自体が紹介された時期である。②初期に

4　ドイツ・アメリカ・日本経営学それぞれの学問的歴史については西門（1986）を参照されたい。
5　日本では、当初経営学ではなく、商学と呼称した。

おいては、工場においてアメリカの科学的管理法が導入された時期である。③中期においては、経営学自体が細分化され、産業能率・原価計算・組織論・経営分析・評価論・労働科学などが展開された。また、原価計算要綱が導入されたのもこの段階である。そして最後に④現在では、戦後のアメリカ式管理技術の導入やアメリカ的経営理論が紹介され、日本的経営風土に合わないものは消去されるという日本型経営を支える独自理論が形成された時期とされる。次は日本における経営学教育を取り上げる。

第6節　日本における経営学教育の現場（明治維新と帝国大学の設立）

日本において、経営学教育が行われた歴史については、「経営学の開拓者たち」（上林・清水・平野編 2021）に詳しく記載されている。日本における経営学教育についての指摘は、日本で最初に設立された１８７７年の東京大学開学から始めなければならない。

日本における最初の大学は現在の東京大学であるが、１８８６年に帝国大学令に基づいて東京帝国大学と改称される。その後、東京帝国大学を含む旧七帝大（東京、京都、東北、九州、北海道、大阪、名古屋）が設立される。これらの大学は富国強兵のための人材を育成して、国家に関わる軍人や官僚など多様な人材の育成を図る役割を担う。

これら帝国大学において、商学などの学問は学部という形でまとめられることはなかった。例えば東京大学では法学部政治学科から派生する形で経済学部が設立されたのが１９０８年であり、商業学科が設立されたのは１９０９年である。この点について、上林は、商学が法学や医学・工学などと比較して学部としての展開が遅れたのは、東京大学の開校当初においては、江戸時代の身分制度がすぐには消滅しない状況であり、商学などの学問は卑しいという偏見があった。さらに、商業活動自体が発展途上にあって諸外国との貿易なども盛んではなかったことや、商学を必要とする人材育成は大学において教育されるべき対象から外れて１ランク下の領域として位置付けられたことが関係していることを指摘している。士農工商の身分制度との関係があることを

結果として、商学教育は大学ではない商法講習所（１８７５年設立）において始められた。この商法講習所は初代の文部大臣である森有礼によって設立された私設の学校であったが、その後１８８４年には官立の東京商業学校となり、１８８７年には高等商業学校（のちの東京高等商業学校、現在の一橋大学）に改編された。この高等商業学校では諸外国との貿易や国内での商業分野で活動する人々が育成され、その後神戸と大阪にも高等商業学校が設立されるに至る。神戸に設立された高等商業学校は現在の神戸大学であり、大阪に設立された高等商業学校は大阪市立大学（現在の大阪公立大学）である。その後、高等商業学校は長崎・山口・小樽・台湾・名古屋・福島・大分・京城・彦根・和歌山・横浜・高松・高岡、などの全国各地に設立される。

このように大学設立プロセスとの関係において、経営学としての商学教育を鑑みた場合、商学教育自体は旧帝国大学ではなく高等商業学校において始められたことが重要である。商学として始まった現在の日本における経営学が、学問領域として認知されるのに時間を要したことは、江戸時代の士農工商などの歴史的背景が、学問としての日本における経営学の発展に関係しているのである。

第7節　日本の産業政策と日本型経営との関わり

日本における学問としての経営学と経営学教育の発展が、日本型経営に具体的にどのような影響を与えたのか。これについて明確に提示することはなかなか困難である。なぜなら、日本における経営学の進展による日本型経営への影響という視点での研究は乏しいからである。実際に日本企業においては、大学卒人材に対して、再教育としてのＯＪＴによる企業内教育が重視され、採用時にも学部における経営学教育の有無が特段重視される傾向は、現在でもあまり存在しない。

以下では尾高（2000）の議論を参考に、日本における経営学と日本型経営との関係について検討してみよう。尾高は、日本型経営が、日本における文化的歴史的背景から、成立したことを提示している。

尾高によると、日本の江戸時代以降の工業化の過程において季節労働者が非常に重要な役割を果たしていた。例えば、本稿で取り上げた日本の酒造りにおける杜氏や蔵人などがその代表である。彼らは農閑期のみに酒造りに従事する農民であり、田んぼの刈り入れが終了する秋から冬にかけて西宮や神戸の灘などに働きにでていた。丹波杜氏以外にも有名な杜氏の出身地として新潟なども存在するが、基本的に日本海側の米づくりが盛んな地域で、かつ冬は雪に閉ざされる地域から、太平洋側の蔵元がある地域へと杜氏や蔵人は農閑期になると移動していった。

このような環境を変えるのが、日本における工業化の流れである。明治維新以降の日本の工業化は季節労働者を都市に定住する定住労働者へと変えていった。都市部において大規模な工場が設立されることにより、工場で年中労働する形へと移行して行ったのである。つまり、工業化以前の日本の人口のほとんどを占めていた農民が、都市部の企業に勤めるサラリーマンに移行した。この流れは日本の工業化によってもたらされたと言っても過言ではない。

尾高は、このようなプロセスを二段階に分けている。彼によると、第一段階では、①長時間の集団的共同作業に従事するために必要とされる規律への服従、②必要最低限の基礎学力、③技能訓練、が必要になる。この段階において、②必要最低限の基礎学力とは、当然、大学での高等教育などではない。最低限の基礎学力としての読み書きなどが、この場合の基礎学力である。しかし、第二段階へ移行する過程において、基礎学力のみでは足らない作業が増加した。なぜなら、作業者自身が協力し合わなければ、高度な作業品質を維持発展することができないからである。この高度な作業品質を達成するために、作業者それぞれがより高度な学力が必要とされるようになる。日本における工業化は、企業自体が高度な学力を有する人々を直接雇用することによって初めて達成可能となったのである。

日本における経営学と、日本型経営の関係はまさにここにある。このような工場労働の第二段階において、相互補完的な作業方法への推移と、事務作業や知的技能を中心としたホワイトカラー労働の拡大により、労働者個人にはより高度な学力が必要となる。この学力向上の役割を担ったのが、大学などにおける高等教育であり、経営学教育である。日本企業では依然として企業内教育が中心的であるが、企業内教育でカバーできないような高等教育や、この高等教育を支えた理論的基礎を提供したのは、日本の大学であり、日本の経営学なのである。

第8節　おわりに　今後の日本型経営について

日本型経営の代表的な特徴の一つは、終身雇用・年功序列・企業別組合などの人事慣行であるとされる。このうち終身雇用や年功序列の慣行については、家族経営を中心とした年功的要素を色濃く反映した制度である。本稿では、日本における経営学に関する多様な視点を提示した。この中で提示したことは、日本独自の歴史的背景が、日本における経営学に関与している可能性である。江戸時代に遡る日本における商慣行と、その後の欧米からの経営学の導入など様々な要因が、現在の日本における経営学を醸成すると同時に、日本型経営を支援してきた。もちろん、多くの日本企業では、大学教育と企業内教育は別物であるとの認識があることも承知している。日本では大学で経営学を学んでも、再度就職先企業独自の教育が行われる必要があるとの考えが広く伝播しており、一部では大学での教育は実際の企業運営には役立たないと考える人々もいる。しかし、このような考えは、日本企業が他国企業と比較して優位な状況であることを前提としているのではないだろうか。

この理由は、第一に日本の国力の低下がある。日本企業は現在を含めて非常に長い間の低迷が続いていた。私が大学院で経営学を学んだ２０００年前後はまだケーススタディの対象としてトヨタ自動車やパナソニックなどの優れた日本企業の経営手法を学ぶという傾向があった。しかし現在は、ＧｏｏｇｌｅやＡｐｐｌｅなどのグローバルな企業、Ａｌｉｂａｂａや華為などの中国企業、インドやアフリカ諸国などのこれまで途上国とされた国々の伸長と人口増加、さらには現在のような商慣行を覆す可能性のあるアバターやＡＩ、さらには仮想通貨などのＩＴにおける急速な技術革新、気候変動などの企業活動に大きく影響を与える環境問題の深刻化、など様々な課題にさらされている。これら喫緊の課題に対処するため、経営学が対象とするテーマも急速に変化すると同時に、研究対象も著しく拡大している。技術革新やグローバル化の進展によって、従来とは全く異なる経営課題に現代経営学は対処しなければならなくなった。日本型経営といったある意味牧歌的な言葉を、日本においても経営学研究の現場において取り上げられなくなったのは、このような理由からであると考える。しかし、本稿で取り上げた日本における経営学の歴史的変遷を振り返ると、果たしてこのような傾向は良い方向に向かっていると言えるのであろうか。

経営学における研究手法の一つは、優れた企業の経営手法を学ぶことである。本来は失敗した企業の経営手法を学ぶ方が経営学の発展において意義があるとされる。しかし、これは失敗した企業や事業を学ぶことは元来困難を要するから実際には難しい。失敗事例から学ぶことは困難であるために、成功事例としての優れた企業の経営手法を学ぶことが経営学研究の主流となる。また、経営学では変化の激しい時代の多様な環境変化を取り上げることも重要であるため、環境変化を常にキャッチアップすることも喫緊の企業課題となる。しかし、日本の経営学においては、今後は独自性にもこれまで以上に注目する必要性があるのはないだろうか。独自性とは、優劣とは異なる基準である。それぞれの国家の存立に関わる文化的要素を優劣で判断できないことと同じように、企業それ自体も文化的背景が密接に関係している存在である。優れた日本企業を前提とした２０００年以前の日本型経営ではなく、日本の文化的背景とその変遷を中心に据えた日本型経営を、現在の日本の経営学は研究対象とすべきである。繰り返しになるが、経営学の研究テーマは企業や技術の優劣や環境変化などの喫緊の課題のみではなく、文化的背景を探ることも今後の経営学の発展において重要である。もちろん、現在においてもこのような観点からの研究も多く存在する。しかし、文化的背景を独自性として捉えることで、日本型経営の復権に寄与することはできないだろうか。このように考える理由は、漫画や日本食などのソフト面での日本の独自性は、現在においても十分世界において独自性を発揮しており、その結果として優位性が発揮されるからである。

引用・参照文献

・荒田弘司「江戸時代の商家の家訓に学ぶ現代の企業経営―社会の公器としての企業の役割」『産業経営研究』第25号 pp17-36（２００３）
・井出草平「江戸時代の教育制度と社会変動」『四天王寺大学紀要』第57号 pp.207 - 222（２０１４）
・尾高煌之助『職人の世界　工場の世界』ＮＴＴ出版（２０００）
・尾高煌之助・松島茂『幻の産業政策　機振法』日本経済新聞出版社（２０１３）
・尾高煌之助『企業内教育の時代』岩波オンデマンド（２０１６）
・加護野忠男『日本型経営の復権』ＰＨＰ研究所（１９９７）
・加護野忠男・伊丹敬之『ゼミナール経営学入門』日本経済新聞社（２０２２）
・上林憲雄・清水泰洋・平野恭平（編）『経営学の開拓者たち　神戸大学経営学部の軌跡と挑戦』中央経済社（２０２１）
・後藤俊夫「コマの経営と結束力」　横澤利昌（編）『老舗企業の研究』生産性出版　pp151 -176（２０２０）
・武谷嘉之「日本人の労働観　勤勉の始原と終焉（上）」『奈良産業大学産業と経済』第22巻第２号　pp111 - 124（２００７）
・辻幸恵・梅村修・杤尾安伸『地域ブランドと広告』嵯峨野書院（２０１０）

・栃尾安伸「人的資本論における理論的課題と労働過程変革の歴史理論」『追手門経営論集』第19巻No1 pp151-163（２０１３）

・栃尾安伸「採用活動に関わる今後の研究の可能性について」『追手門経営論集』第22巻No2 pp57-71（２０１６）

・栃尾安伸「技術革新と長期雇用の関係」『追手門経営論集』第23巻No2 pp11-18（２０１８）

・栃尾安伸「日本型雇用に関する二つの理論的課題」『消費科学』第60巻No8 pp649-656（２０１９）

・西門正巳「経営学の生成・発展と日本における展開」『岡山大学経済学会雑誌』第18号第３巻 pp181-200（１９８６）

・深山明・海道ノブチカ・廣瀬幹好（編）『基本経営学用語辞典』同文舘出版（２０１８）

・日本遺産ポータルサイト(https://japan-heritage.bunka.go.jp)（２０２３年４月12日）

・丹波杜氏酒造記念館（https://www.toji.sasayama.jp）（２０２３年４月12日）

第 3 章

社会課題に対応した流通の展望

宮﨑 崇将

第1節　市場経済と流通の役割

私たちの生活は、多様な商品（財・サービス）を消費することで成り立っている。多様な商品を消費するためには当然それらの商品が生産される必要があるが、それを可能にするのが社会的分業である。社会的分業とは、労働が社会のさまざまな産業部門に区分され、個々の人がその細分化された職業で専門的に働くことである。今日の社会はこの社会的分業が極めて発達し、それぞれに生産された商品が市場において交換される市場経済である[1]。

この市場経済の特徴として生産と消費とが分離していることが挙げられる。これを生産と消費の間の懸隔（けんかく）と呼び、所有の不一致、場所の不一致、時間の不一致、価格の不一致、情報の不一致の5つがある。

所有の不一致とは、商品の生産者と消費者とが異なるということである。市場経済において、生産者は自身で消費するために商品を生産するのではなく、それを消費者に販売し、利益を得るために生産する。一方、消費者は消費したい商品を自ら所有しておらず、代金を支払って生産者から購入しなければならない。そのため、生産者は商品を欲する消費者を、消費者は求める商品の生産者を見つけ出し、取引しなければならない。

価格の不一致とは、生産者が売りたいと思っている価格と、消費者が買ってもよいと思う価格は同じではないということである。

場所の不一致とは、生産する場所と消費する場所とが離れているということである。

時間の不一致とは、生産のタイミングと消費のタイミングが一致していないということである。工業製品は一度に大量に生産することで規模の経済性が働き、より低コストで生産することができる。そのため、一般的に消費に先立って計画的に大量生産が行われ、その後消費されることになる。

情報の不一致とは、生産者は需要の動向を正確に把握することはできず、消費者は生産の動向を正確に知ることができないということである。

このように市場経済において、生産と消費とは分離しており、生産者と消費者がそれぞれ必要なモノを手に入れるためには市場で取引を成立させなければならない。そのように生産と消費の間の懸隔を架橋（橋渡し）することが流通の役割である。流通は、商流、物流、情報流の３つの側面で橋渡しする。

商流とは、商品の取引を通して所有権を移転することである。取引を行うためには、その商品を生産している生産者もしくは、それを購入し、消費したいと望んでいる消費者を見出し、品質や価格などの取引条件を一致させる必要がある。そのように生産と消費を結びつけ、売買を成立

1　たとえば、江戸時代の士農工商も市場経済とは異なる社会的分業のひとつのあり方である。

させることで、所有の不一致と価格の不一致を解決する。

物流とは、商品そのものに対する物理的操作のことである。例えば、ネット通販で商品を購入しても、商品が手元に届かなければ実際に消費することはできない。そのため、商品を生産した場所・時間から消費する場所・時間まで商品を移動する必要がある。このように物流の機能には、場所・空間の移動に関わる輸配送と時間の移動に関わる在庫、保管があり、在庫、保管には経済活動を円滑に進める役割がある。この物流により、場所の不一致と時間の不一致を解決する。

情報流とは需給に関わる情報の伝達のことである。売買を成立させるためには、生産者と消費者の存在、商品の情報（品質や価格など）、使用方法や注意点、入手できる場所など多様な情報が必要である。主に情報の不一致を解決する。

このように流通は、商流、物流、情報流の３つの側面で生産と消費とを結びつける役割を果たす。この役割を効率的に行うために、百貨店やスーパーマーケット、専門量販店などの業態開発や、チェーンストアによる多店舗展開、道路などの物流インフラや物流機器、ＰＯＳシステムなどの情報システムの導入など、様々な革新が進んでいる。

第2節　流通をめぐる社会的課題

前節で述べたように流通は生産と消費の間を橋渡しする役割を担っており、商流、物流、情報流の３つの側面で発展することでより効率的になっている。しかし、製造業など他の分野と同様に、現代の流通には単に生産と消費を橋渡しするだけでなく、環境や社会との両立が求められるようになっている。

環境や社会問題に関して、今日よく知られているのがＳＤＧｓである。ＳＤＧｓとはSustainable Development Goals（持続可能な開発目標）の略称である。ＳＤＧｓは２０１５年の国連サミットで採択された国際目標で、17のゴールと１６９のターゲットで構成されており、エネルギーや気候変動、資源といった環境問題だけでなく、貧困や飢餓、雇用、イノベーションといった経済問題、教育やジェンダー、平和といった社会問題を含む包括的なものになっている。企業はこのＳＤＧｓやＥＳＧ（環境・社会・ガバナンス）にどの程度取り組みができているのかが問われるようになっており、収益性だけでなく、これらの環境や社会などと両立したビジネスが求められるようになっている。当然流通も例外ではなくこうした社会的課題の解決が求められるようになっている。以下では、流通の発展にかかわる社会的課題として、多頻度小口配送と環境負荷、グローバル調達と人権、買い物弱者問題を紹介する。

多頻度小口配送と環境負荷の問題

日本では、市場の成熟化にともなう製品の多様化と在庫の圧縮というトレードオフの関係にある両者を両立するために多頻度小口配送が様々な分野で採用されている。

たとえば、コンビニエンスストアでは、日本で出店された当初、卸売業者は契約している特定のメーカーの商品だけを販売する特約店制度に基づきメーカー別の納品となっており、さらにケース単位での取引が基本であった。そのため、店舗で幅広い品揃えを実現するために1日に60回以上も納品があり、かつすべての商品がケース単位であったため膨大な在庫をかかえることになった。そのため、商品の多様な品揃えと在庫の圧縮を両立することが課題となったが、特約店制度のもとではメーカーごとにバラ単位の配送となり積載効率が低くなってしまう。取引関係を維持しながら物流を効率化するためには、商品分野ごとに窓口問屋を設定し、共同配送センターに納品し、店舗別に仕分けた商品を窓口問屋が配送するという商流は維持しながら物流のみを集約する窓口問屋制が生み出された。これによりコンビニエンスストアで多頻度小口配送が実現した。

この多頻度小口配送により店舗でムダな在庫をもつことなく、幅広い品揃えを提供することができるようになった。しかし、メリットだけでなく様々な問題があり、そのひとつが環境負荷の問題である。

多頻度小口配送は、文字通り少量の商品を頻繁に配送することを意味している。そのため、配送頻度を高めれば当然、トラックなどの配送台数が増加することになる。それによりCO2排出量が増加し、環境への負荷の増大につながる。

さらに、近年では労働規制によるドライバー不足が懸念される2024年問題ドライバー不足問題が注目されているとおり、現在、物流業界では労働力不足が深刻化しており、トラックドライバーが不足している。多頻度小口配送はトラック台数の増大につながるため、今後配送のためのトラックを調達できなくなる懸念もある。

グローバル調達と人権問題

小売業では、国境を超えて仕入活動を行う調達のグローバル化が増加している。調達のグローバル化のひとつの形が、UNIQLOやZARAが採用しているSPAである。SPAとは、Specialty store retailer of Private label Apparel の略称で、小売業独自のプライベートブランド商品を製造・販売する小売業のことである。小売業が自ら製品を企画し、その仕様書にもとづいて、一般に海外の工場に生産を委託する。国内でも調達できる製品をあえて海外生産する理由は、品質を確保しながら低価格にすることが可能となり、価格競争力につなげることができるからである。

調達のグローバル化により、消費者は魅力的な商品を低価格で購入できるようになった。しかし、同時に調達過程に関わる問題が顕在化してきた。

１９９０年代から、ＣＳＲに基づき、人権や安全衛生、賃金などに関する行動規範を定めている。この行動規範にもとづき、委託先工場への監査を実施しているが、問題解決にはいたっていない。

その理由として、無認可の下請工場の存在がある（エリザベス・Ｌ・クライン、2014）。委託元の小売業と直接取引する工場から、さらに別の工場に委託が行われている。その下請工場では、最低賃金を下回る低賃金や、法定基準を超える長時間労働、劣悪な労働安全環境、児童労働といった違法な条件での労働が行われている。また、タイムカードの偽造なども横行し、工場での実際の労働時間や賃金、労働条件などが偽装されている。グローバルな小売業は、これらの下請工場の場所や労働の実態などを把握できていない。この劣悪な労働環境により、２０１３年にバングラデシュのダッカで崩落事故が発生し、多数の死傷者を生み出す結果となった。

他にも新疆ウイグル自治区で強制労働により生産された綿や紛争ダイヤモンドなどグローバル調達に関わって様々な問題が指摘されているが、今日では単に品質や安全性を満たすだけでなく、どこで、どのように調達されたものなのか、そうした人権を守るビジネスが求められるようになっている。

買い物弱者問題

小売業にかかわる社会問題として買い物弱者問題がある。買い物弱者とは、流通機能や交通網の弱体化とともに、食料品などの日常の買い物が困難な状況に置かれている人々のことを指す。具体的には、最寄りの食料品店まで５００メートル以上離れ、車の運転免許をもたない人とされ、２０１４年時点で全国に約７００万人存在し、その数は毎年１００万人程度増加していると推計されている。

この買い物弱者が生み出されるプロセスとしては、都市部の場合、もともと住民の買い物の場となっていた商店街が、自動車中心の交通体系への変化やスーパーなどの大型店の出店の結果衰退し、大型店に取って代わられる。しかし、都市のスプロール的開発により住民の郊外への移動、それにともなう官公庁や総合病院などの郊外への転出により都市中心部の商圏人口が減少する。さらに郊外により大型のショッピングセンターなどが出店することで都市中心部立地の大型店は経営状態が悪化し、撤退を余儀なくされる。その結果、都市中心部の住民の買い物の場が失われることになる。

農山間地域では、過疎化が進行することでそもそも商圏人口を維持できず、小売店がなくなることで買い物の場がなくなってしまう。

現代の社会は市場経済が浸透しており、私たちは必要な商品を購入することで生活しており、

表１　食品廃棄物などの発生状況と割合（2021 年度推計、万トン）

	食品廃棄物等		
		食品ロス	構成比
食品関連事業者	1,670	279	53.3%
一般家庭	732	244	46.7%
総計	2,402	523	100.0%

<出典>環境省「産業廃棄物の排出・処理状況について」、
「一般廃棄物の排出及び処理状況等について」

小売店がなくなることはまさに死活問題である。買い物弱者問題は、海外ではフードデザート（食の砂漠）問題と呼ばれており、単に食料品を購入できないだけでなく、ファストフードしか購入できないというように栄養の偏りとそれによる健康問題も問題視されている。さらに災害時にコンビニエンスストアが緊急支援物資拠点などの役割を期待されるように社会のインフラとして小売業の存在が重視されるようになっている。

流通の発展と環境問題や人権問題、買い物弱者問題を取り上げてきたが、このように流通は単に生産と消費を橋渡しするだけでなく環境や社会との調和が求められるようになっている。次節では、この環境や社会と調和した流通をつくる上で具体的にどのような課題があるのか、食品ロス問題を取り上げて考察する。

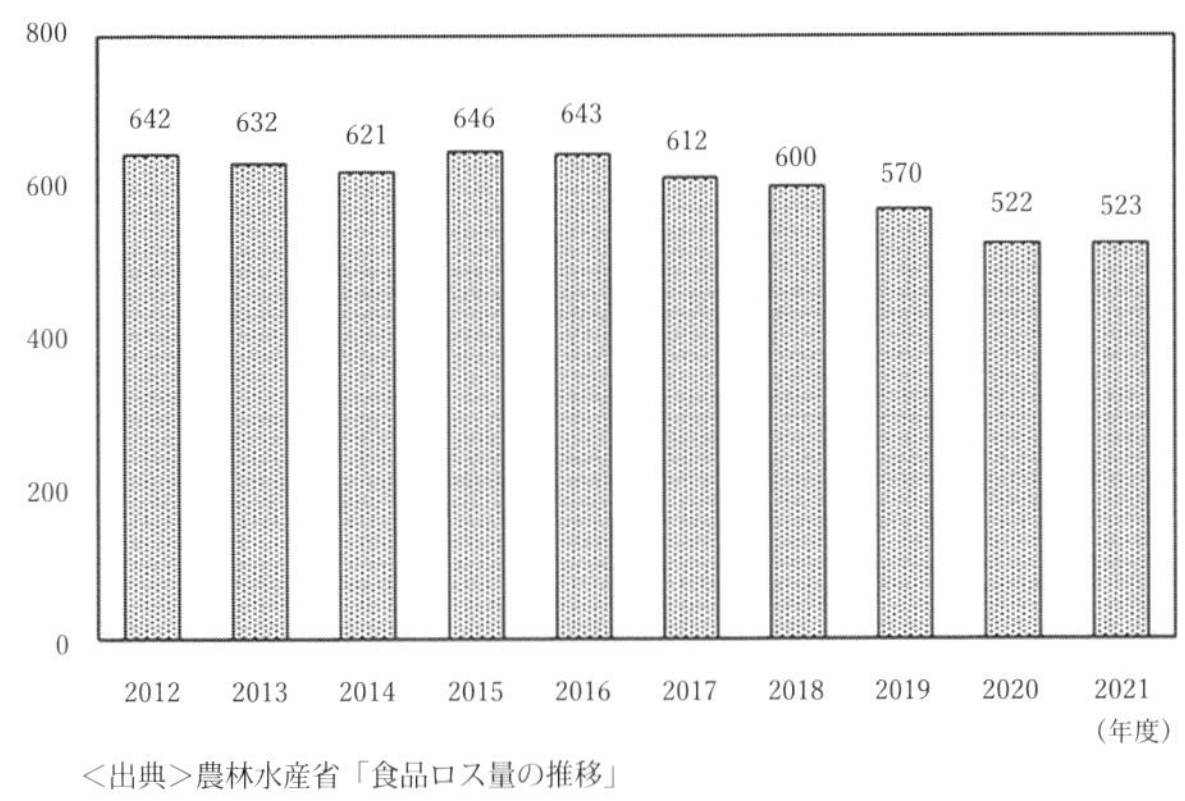

図１　日本の食品ロス量の推移（単位：万トン）

第３節　食品ロスと日本の流通

日本における食品ロスの実態

食品ロスとは、食品廃棄物のうち本来食べることができる（可食部分と考えられる）にもかかわらず捨てられるもののことである。表１のように、日本では年間２４０２万トン（２０２１年度）の食品廃棄物などが排出されており、そのうち食品ロスは５２３万トンと全体の約22％を占めている。排出源別にみると、食品関連事業者から排出される事業系食品ロスが２７９万トン（構成比５３・３％）、一般家庭から排出される家庭系食品ロスが２４４万トン（４６・７％）と家庭から排出される分が上回っている。

図１で日本の食品ロス量の推移をみると、２０１２年度以降増減しながら６００万トン台前半で推移していたが、２０２０年度を境に５２０万トン程度まで大きく減少している。

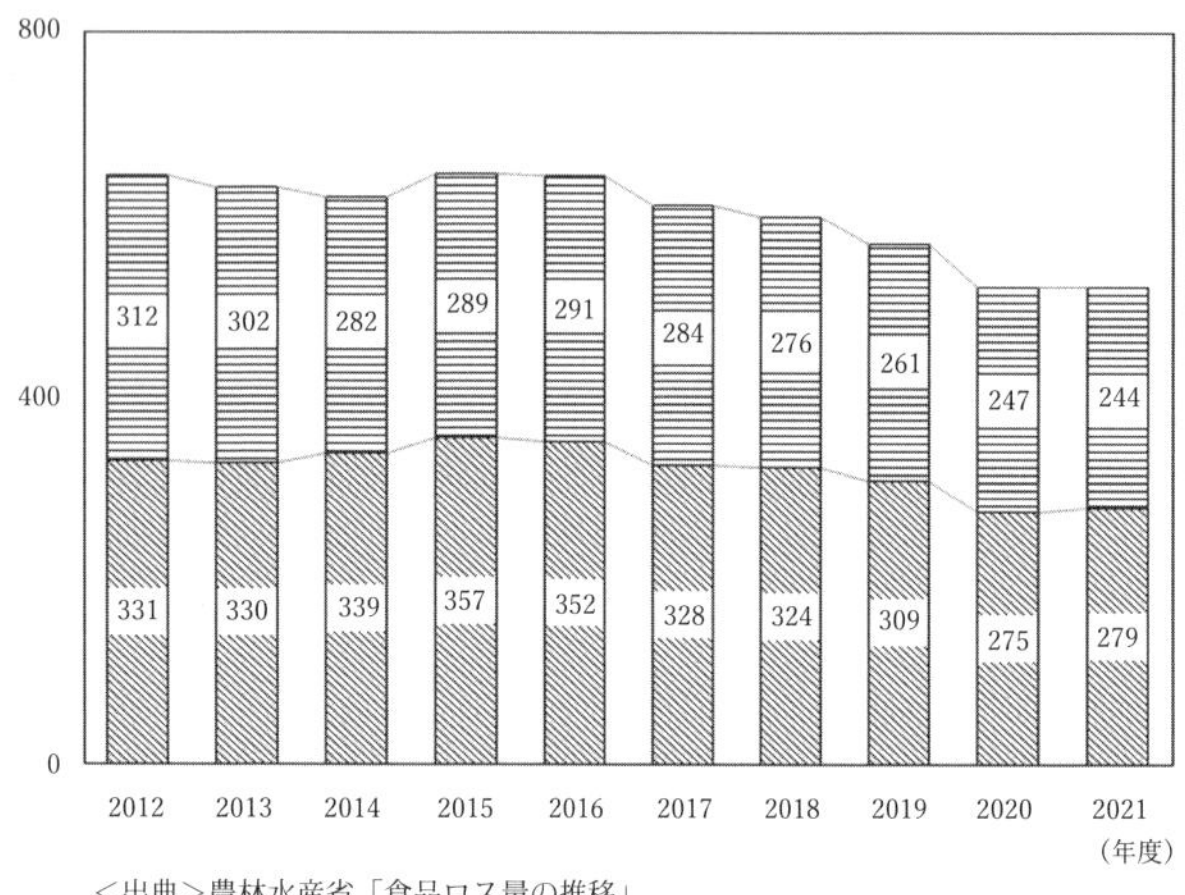

＜出典＞農林水産省「食品ロス量の推移」

図 2　排出源別の食品ロス量の推移（単位：万トン）

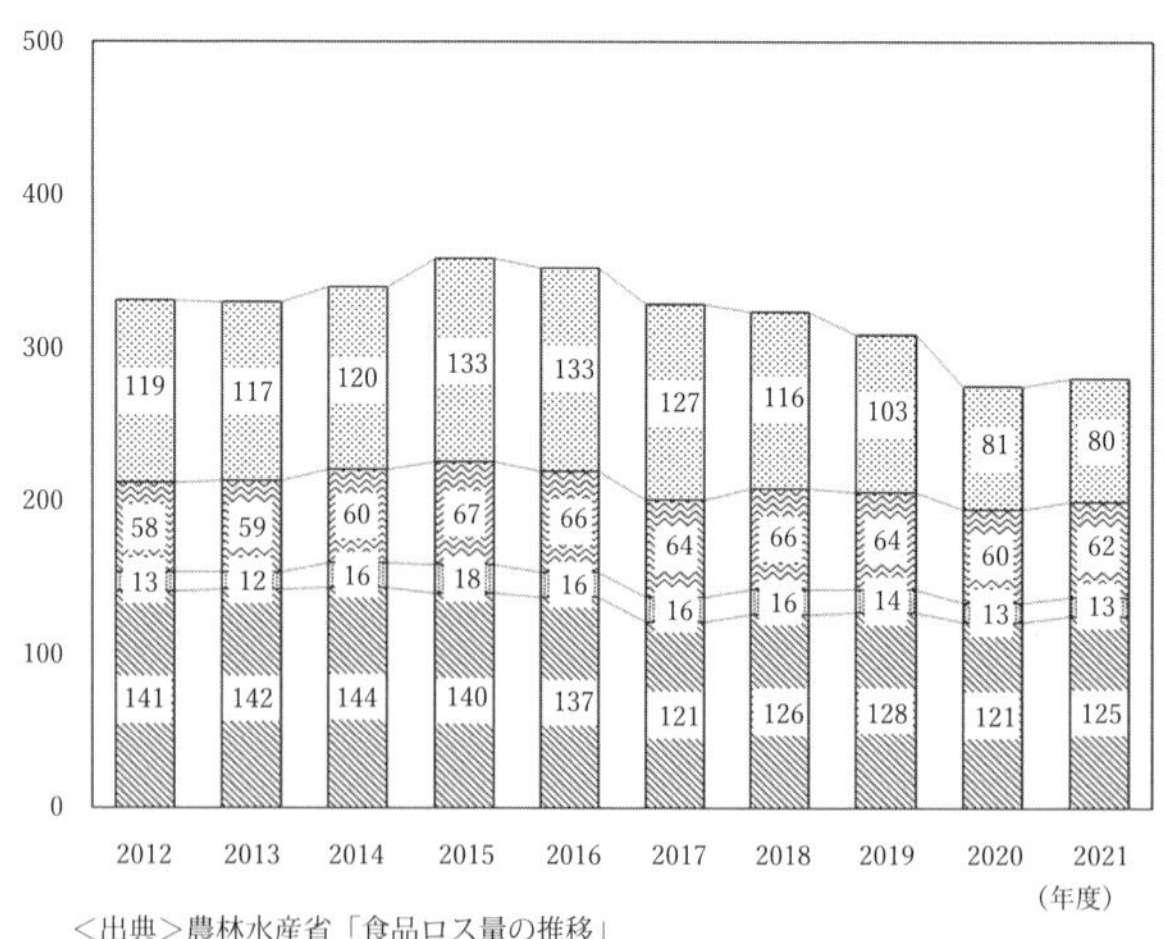

＜出典＞農林水産省「食品ロス量の推移」

図 3　事業系食品ロスの内訳の推移（単位：万トン）

図２で排出源別の推移を見ると、家庭系が２０１２年度に３１２万トンであったのが２０２１年度には２４４万トンと22％程度減少している。事業系は２０１２年度が３３１万トン、２０２１年度は２７９万トンと16％程度の減少している。

事業系の内訳をみると、図３のように、食品製造業と外食産業がそれぞれ２０２１年度に１２５万トン（構成比４４・８％）と80万トン（２８・７％）と大きな部分を占めている。しかし、推移でみると、特に外食産業は２０１２年度に１１９万トンであったのが２０２１年度には80万トン、約３２・８％と大幅に減少している。それに対して、食品卸売業は２０２１年度も13万トンと横ばいであり、食品小売業は58万トンから62万トンへむしろ若干増加している。このことから事業系食品ロスの中で、食品流通における改善が遅れているといえる。

以上のように、日本では年間およそ５００万トンの食品ロスが発生しており、企業と家庭の両方から同程度排出されている。推移でみると、家庭からの排出量も企業からの排出量も減少傾向にある。しかし、すべての分野で減少しているわけではなく、事業系食品ロスの内訳をみると、食品卸売業や食品小売業などの食品流通の分野ではあまり改善が進んでいない。そのため、食品ロスの改善を考える上で、流通や消費といった側面を考える必要があるといえる。次項以降、加工食品と生鮮食品の流通における食品ロスについて論じる。

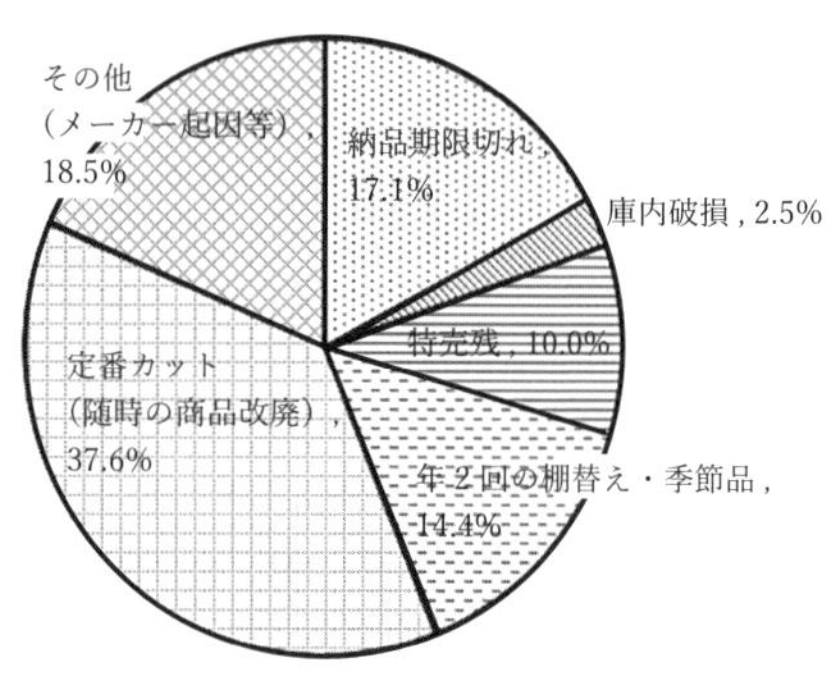

<出典>流通経済研究所（2017）

図４　卸売業からメーカーへの返品理由

流通形態と食品ロス

食品ロスはそもそも賞味期限内に購入されず余剰となった商品、すなわち需要と供給とのミスマッチによって生じる。今日の市場経済では、企業は見込み（予測）で製品を生産し、仕入れ、販売する見込み生産・販売が一般的である[2]（矢作他、1993）。そのため、需要が不確定な状態で生産や仕入れを行うため、実際の需要と供給との間にギャップが発生することになる。現在はＩＣＴ技術が発達し、データに基づく需要予測の精度が向上しており、定番品の予測の精度は高くなっているが、データがない新商品や特売品は正確な需要予測が難しい。また、そもそも企業はデータに基づく需要予測にただ従っているわけではなく、前年比５％増といった売上目標などの目標を設定して活動しているため、目標と実際のズレが生じることになる。

さらにコンビニエンスストアに代表されるように日本の小売業では、欠品により販売機会を逸失する機会ロスを特に問題視し、欠品率を下げることを重視している。同時に、小売業は、需要の変化に即応できるように、在庫の極小化を行っており、メーカーや卸売業といったサプライヤーからの多頻度小口配送を採用している。その結果、メーカーや卸売業が注文に合わせて供給できるように緩衝材として在庫を多めに持つようになっており、川上で過剰在庫が発生しやすい。

このように見込み生産・販売を行う現在の流通では、一定の需要と供給のミスマッチが生じるのは必然といえる。

商慣習と食品ロス

見込み生産・販売という流通形態だけではなく、日本では商慣習などにより多くの食品が賞味期限よりも以前に廃棄されている。

図4は、卸売業からメーカーへ返品された理由を2016年度に調査した結果である。それをみるとメーカーへの返品理由としてもっとも多いのが「定番カット」（37・6％）で、次いで「納品期限切れ」（17・1％）となっている。また、小売業から卸売業への返品理由をみると、

2　見込み生産・販売に対して、顧客から事前に注文を受け、需要が確定した状態で生産・販売を行うことを受注生産・販売と呼ぶ。

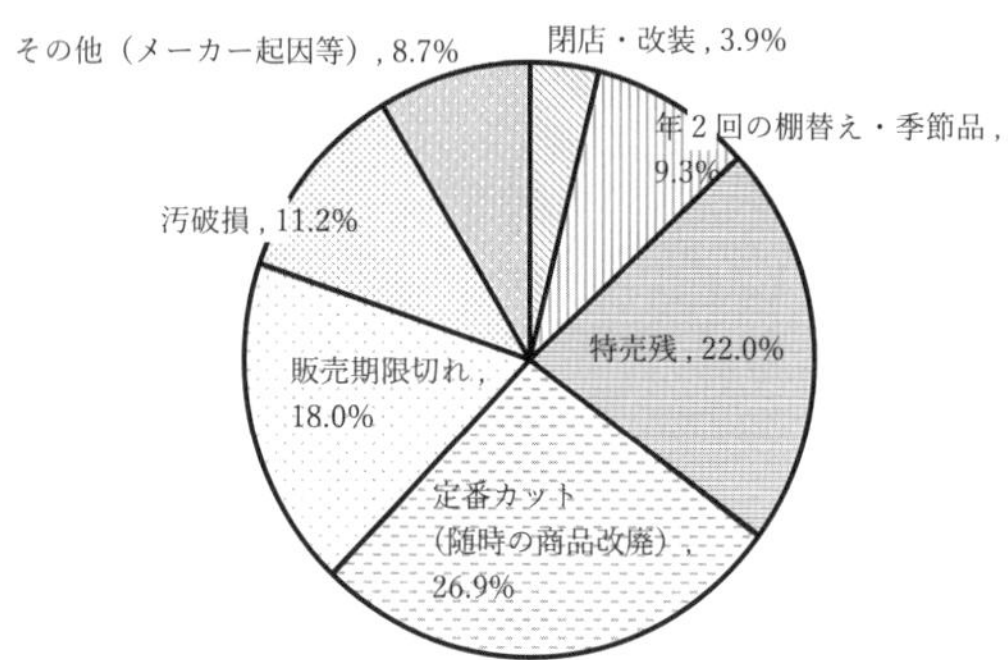

<出典>流通経済研究所（2017）

図５　小売業から卸売業への返品理由

図５のように「定番カット」が２６・９％と返品理由の１位になっており、「販売期限切れ」が１８％という割合になっている。納品期限切れや販売期限切れというのは日本独自の商慣習である３分の１ルールによるものである。この３分の１ルールや定番カットといった理由により、実際には賞味期限より以前に商品が廃棄されているのである。

３分の１ルールとは、図６のように、賞味期間を３分の１ずつに区切って、最初の３分の１を納品期限、次の３分の１までを販売期限とするもので、法律ではなく食品業界の商慣習である。納品期限までに販売できなかった商品は卸売業がメーカーに返品する。返品された商品の約３割は販売奨励費を支払ってディスカウントストアなどに販売され、残りは廃棄される。小売業の店頭で販売される期限である販売期限を過ぎた場合も、一部

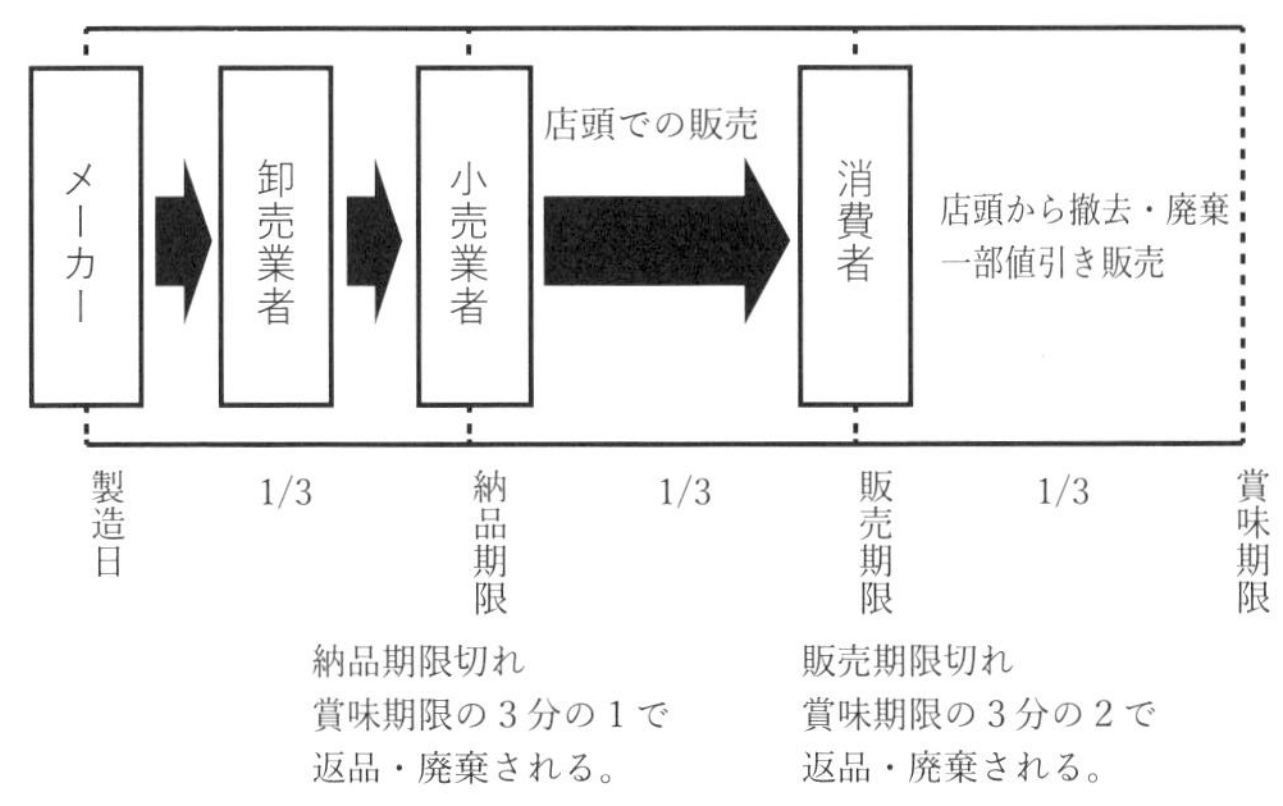

図６　３分の１ルールの概要

の商品は値引き販売されるが、それ以外は店頭から撤去され、廃棄または返品される。

流通経済研究所の調査では、卸売業からメーカーへ返品された商品は２０１６年度に金額ベースで年間８７１億円と推計されている。３分の1ルールに基づく返品が右記でみた食品製造業で食品ロスの多い要因の1つになっている。海外にも納品期限はあるが、米国で2分の1、英国で4分の3、その他のヨーロッパ諸国で3分の2となっており、日本の納品期限は世界的にみて短い。

次にもっとも多い理由である定番カットをみる。定番カットとは、新商品への入れ替えや商品の仕様変更のため、店頭から撤去される商品のことである。メーカーは消費を刺激するために、定期的に新商品を発売する。新商品には、まったく新しい商品から、成分などを改良したもの、パッッケージのデザインやフォントを変更したようなものまで様々なバリエーションがあるが、ささいな変更であっても新商品が発売されると販売期限などにかかわらず現行品は売場から撤去されることになり、返品や廃棄されることになる。

右記3分の1ルールは法律ではなく商慣習であり、定番カットはメーカーの判断で行われている。どちらも法律による強制などではなく、それぞれの企業の合理的な意思決定の結果生み出され、存続しているものである。

3分の1ルールの歴史は比較的浅く、1990年代にイトーヨーカ堂が消費者の鮮度志向に対応して店頭に賞味期限切れの商品が陳列されないように導入したものが普及したといわれている。そのために、自社だけではなく、川上に位置するメーカーや卸売業の生産計画や、保管や配送などの物流管理に関与して仕組みを整備していった。

3分の1ルールがつくられた1990年代の日本の流通の特徴を、仲上（2012）は、「当初は単純な低価格販売が展開されたが、デフレの進行とともに安さだけでは売れない事態へと状況が進み、品質および売り方の価値を高めた商品をいかに低価格で販売するかが必須とされるようになった」（3ページ）と述べている。同様に、売場の「鮮度」という付加価値を高めた販売を実現するために、メーカーや卸売業を巻き込み、負担を転嫁しながらつくられたのが3分の1ルール（とそれを実現するための仕組み）といえる。そのため、3分の1ルールは、形式上は賞味期限を三等分して平等に期間を分担するようになっているが、メーカーや卸売業は納品期限切れの商品の返品を負担するだけでなく、メーカーや卸売業は「日付後退品」を含めて難しい在庫管理などを求められることになる。また、消費者は一見負担無く賞味期限の残った商品を購入できるように見えるが、メーカーは一定の返品をおりこんだ価格設定をしており、結果的に廃棄分のコストを消費者が負担していることになる。

また、3分の1ルールは、定番カットと同様に、既存の商品を流通から取り除く役割を果たしている。3分の1ルールは必ず3分の1なのではなく商品カテゴリーによって異なっており、缶ビールやカップめんといった新商品が次々と発売される競争の激しい商品カテゴリーでは「6分の5残し以上」といったより厳しい納品期限が設定されている。定番カットや、納品期限は、既存の商品を流通から除去し、供給量を増やすことにつながる。新商品の投入と同様に3分の1ルールも、ある種の計画的陳腐化を起こし、商品の回転を高める役割を果たしている。

第4節　おわりに

日本の食品ロス問題をみると、イトーヨーカ堂の差別化戦略に端を発し、「鮮度」が競争の軸になることで業界に3分の1ルールが定着したことが分かる。流通と消費の間の相互作用の中で商慣習がつくりあげられていく。これらの商慣習は、スーパーやコンビニエンスストアといった小売業を中心に、標準化、効率化、規格化された流通がつくり出される中で形作られており、より効率的で、利便性の高い消費を可能にするという点で一定の合理性をもっている。そのため、それを一挙に変更することは難しい。たとえパワーをもつ小売業であっても、消費者の要望にそのニーズがなければ理念だけで大幅に変化することはできない。フランスでは市民の声に応えて、２０１６年に「食品廃棄禁止法」が制定された。これはスーパーで余剰となった食品の廃棄を禁止する法律である。

このように経済的な効率性だけでなく、環境や社会を考慮した流通の展望を法律の整備を含めて検討する必要がある。

引用・参照文献

・エリザベス・L・クライン（2014）『ファストファッション』春秋社
・矢作敏行・小川孔輔・吉田健二（1993）『生・販統合マーケティング・システム』白桃書房
・小林富雄（2020）『増補 改訂新版 食品ロスの経済学』農林統計出版
・仲上哲（2012）『超世紀不況と日本の流通』文理閣
・流通経済研究所（2019）『加工食品の返品実態調査結果詳細資料』
・井出留美（2016）『賞味期限のウソ』幻冬舎新書

第4章

コンサルティングの実践に必要なカウンセリングの基本的スキル

長岡 千賀

コンサルティングは現代のビジネス界において非常に重要な役割を担っている。企業や組織の問題解決に向けて支援を行うことで、彼らがより効果的に業務を遂行することができるようになるのである。そのため、コンサルタントには幅広いスキルが求められるが、その中でも特に重要なのが、カウンセリングの基本的スキルである。カウンセリングは、心理状態の改善を目的として行われる相談であり、うまく相談が進むには、悩みを持つ人（クライエント）[1]と相談を受ける人（カウンセラー）の間に信頼関係を築くことが不可欠である。この信頼関係を築く上で欠かせないのが、カウンセリングの基本的スキルであり、このスキルはコンサルティングにおいても応用されている。

本章では、コンサルティング実施のために必要なカウンセリングの基本的スキルについて、具体的な例を交えながら解説する。コンサルティングにおいて、どのような場面でカウンセリングの基本的スキルが活用されるのかを理解することで、ビジネスにおけるスキルアップにつなげていただけると幸いである。

第1節　カウンセリングにおける他者理解の方法

カウンセリングの基本的スキルについて具体的に見ていく前に、カウンセリングにおいてカウンセラーがクライエントをどのように理解しているか、その特徴について考えたい。他者を理解することは日常的に誰しも行なっていることであるが、カウンセリングにおける理解の方法にはある特徴があるからだ。この特徴を知ることによって、対話の中で、カウンセリングの基本的スキルのどれを、いつ、どのように用いるかを適切に判断しやすくなるだろう。

カテゴリーに基づく理解

他者について理解する際、しばしば、その人の性別や年齢、人種や出身地などが手がかりとされる。例えば、新たに出会った関西から引っ越ししてきた人について、「関西人だからよくしゃべるはずだ」というように、その人物の特性を知った上でそう思うのではなく、関西人のステレ

1　ビジネス界では「クライアント」という用語が用いられるが、心理臨床の分野では一般的に「クライエント」という言葉が使われる。このため、本章においても「クライエント」と記す。

オタイプを参照して判断することがある。このとき、性別や年齢、人種や出身地などは社会的カテゴリーであり、ステレオタイプとは、その社会的カテゴリーの成員の特性、たとえば、パーソナリティや能力、行動に関する非常に単純化されたイメージ（心的表象）のことである。他者を何らかのカテゴリーに当てはめて認知しようとする性質は、私たちの心の働きとして一般的である。なぜなら、外界の情報を処理して理解することには時間もかかり認知的な負荷も大きいが、情報処理のための資源にも時間にも限界があるので、意識しなくても良さそうなことについては、努力が少ない自動的思考に頼ることになるからだ。

例えば、衣料品店の、特に婦人物の、雨具や雨靴の売り場では、「雨具」や「雨靴」という言葉が使われることは極めて稀で、一般的に「レイングッズ」や「レインシューズ」という言葉が使われる。もし店頭で「雨具」や「雨靴」という言葉が使われていたとしたら、消費者としては、それらの言葉から連想される古臭くて地味といった印象のカテゴリーを念頭に商品を捉えることになりがちである。一方、「レイングッズ」や「レインシューズ」という言葉なら、消費者はよりオシャレで魅力的な印象のカテゴリーのものとして商品を捉えようとするだろう。こうした認知の特徴をマーケッターは知っているため、消費者に最初に良いカテゴリーに当てはめてもらえるように、店頭での表示などを工夫している。

右記の関西から引っ越してきた人について、「よくしゃべる」と断定するには、その人が他の人と会っている場面を何度か観察し、平均的な日本人の話し方と比較することが適切である。また、その人がどれくらい長く関西圏に居住していたか、すなわち「関西人」カテゴリーに当てはめるのが適切かなどを確認しておくことも必要である。しかし多くの場合、そうしたことはせず、素早く「関西人」カテゴリーに当てはめて、ステレオタイプを参照して判断してしまう。

個人に固有の情報に基づく理解

他者を深く理解し強い関係を築こうとするときには、カテゴリーに基づく情報処理だけでは十分ではない。カウンセリングや社会福祉の現場では、カテゴリーに基づくのではなく、対象者一人ひとりの固有の情報に基づいて、その人について考えて対応しようとすることが一般的である。

二重過程モデル（Brewer, 1988）と連続体モデル（Fiske & Neuberg, 1990）では、2つの処理モードがあると考えて対人認知を説明している。これらによると、対人認知の最初の段階では、認知的負荷の小さい、カテゴリーに依存した情報処理が行なわれる。その後、認知対象の人物と自分との関わりが深い場合や、その人物が自分にとって影響力がある場合は、より多くの注意がその人物に向けられるようになり、それまで参照していたステレオタイプに一致しない情報が見つかりやすくなったり、また、その人物の個人的特性の一つひとつを詳細に考慮したりする情報処理をするようになる。

例えば、学校で新しいクラスメイトに初めて出会ったとき、最初はその人物の見た目や服装などから連想されるカテゴリーに依存した情報処理が行われる。この段階ではこの人物を何らかのステレオタイプに当てはめることが多い。しかし、その人物と時間を過ごして関わりが深くなるに伴い、意外な面や個性を発見する。そして、そこで得られた情報に基づいてその人物を捉え直して理解を深めることになる。

また、カウンセラーを対象とした研究では、経験のあるカウンセラーは経験の浅いカウンセラーに比べて、対話から得られた情報のうち、精神的症状に直接関わらないクライエントの趣味や好み、生活の詳細などについても豊かに記憶していることが示されている（Nagaoka, Yoshikawa, Kuwabara, Oyama, Watabe, Hatanaka, Komori, 2013)。

対象人物に固有の情報を豊かに収集してそれに基づいて理解することに伴う認知的負荷は極めて高い。しかし、この理解の仕方は、対象人物を深く理解し、強い人間関係を築くことと密接に関わる。そのため、コンサルティングを行う上でも、対象人物や企業、組織に固有の情報を豊かに収集して理解を深めることが必要となる

第2節　実際の対話例と注目ポイント

次に示す対話例は、ある中小企業の経営者と、その企業を正しく理解し将来を見据えて支援するコンサルティングの役割を担う支援機関の方（以降、支援者と呼ぶ）との対話である。この対

話は、経済産業省のYouTubeチャンネルMETI channelで公開されているので、カウンセリングの基本的スキルについて考えるためにぜひご覧いただきたい（URLは後述のとおりである）。

対話例1では、ローカルベンチマークを活用して対話がなされている。ローカルベンチマークとは、経済産業省が提供するツールであり、中小企業の財務情報を分析するだけでなく、商流や業務フロー、経営者や事業の特徴や内部管理体制などの非財務情報を捉えて経営全体を把握し、事業計画を立てることをサポートするツールである（水野、2022）。経営者一人で取り組むほか、社内の複数の従業員と、また、社外の金融機関などの支援者とともに対話をしながら取り組むことが推奨されている。

ここでは、対話例と、カウンセリングの基本的スキルについて考えるための注目ポイントを示す。まずは、対話例を読み、また可能であれば動画（図1）を見て、各ポイントについて各自考えてみて、その後に次節に進んでいただきたい。

図1　対話例1の動画

ローカルベンチマーク動画② 現状把握編（沿革、経営理念、経営意欲、後継者等）（経済産業省、2018）の冒頭が対話例1である。
URL：https://www.youtube.com/watch?v=MXxawoRzg5M

●対話例1　ローカルベンチマーク対話の冒頭

1つのテーブルを前に、経営者と支援者は互いに90度の角度で椅子に腰掛けている。両者とも手元にローカルベンチマークの非財務情報の1つであるシート「4つの視点」（図2）を置いており、そこには経営者による事前の若干の書き込みがある。最上段は発言番号、最下段は図2との対応。

01 支援者：社長、まずは会社の概要と沿革を教えてください。

02 経営者：弊社は光学レンズのプレス成型を行っている会社です。カメラ、プロジェクター、天体望遠鏡などに使用されるレンズの…（企業沿革の話が続く）。

②事業　企業及び事業沿革

03 支援者：（経営者の話が終わったとき）はい、ありがとうございます。資料（注：シート上の経営者による書き込み）を見ますと、経営理念に、「自ら考え、自ら行動し、自ら成長する」とありますが。

04 経営者：これはリーマンショックや震災に見舞われたときに会社としてどん底のときがあったのですが、そのときに、拠り所となるもの、会社の背骨のようなものが必要だと感じました。たくさんの失敗をするというか、何事にもチャレンジして、そしてより多くの失敗をしてそれを成長につなげよう、そんな意味を込めております。

①経営者　経営理念・ビジョン

05 支援者：なるほど。この経営理念が変革の拠り所となっていたわけですね。（注：この「変革」という言葉は、この企業が過去に実現した大きな経営改善を表すために使われた言葉である。経営者による書き込みから支援者が知り得た情報である。）

06 経営者：はい。当時の私たちの主力製品はカメラ用の小中口径レンズだったのですが、この分野は海外への移行が非常に激しくて…（変革についての詳しい説明がなされ、経営意欲の強さが表現される）

①経営者　経営意欲

注目ポイント

＜ポイント１＞

01の「教えてください」のところを、「教えなさい」あるいは「言いなさい」に変えたとき、支援者の印象はどのように変わると考えられるか。

＜ポイント２＞

03において「ありがとうございます。」の言葉が有るときと無いときとでは、支援者の印象はどのように変わると考えられるか。

＜ポイント３＞

03において、支援者はなぜ、経営者によって事前に書き込まれた「自ら考え、…成長する」という言葉をわざわざ取り上げたと考えられるか。

＜ポイント４＞

03の「「自ら考え…成長する」とありますが」の後に言葉を補うとしたら、どのような表現になると考えられるか。

＜ポイント５＞

シート上「経営理念・ビジョン」の次は「経営意欲」であるため、05において支援者は「次に経営意欲について教えてください。」と言うこともできたはずである。しかし、支援者は05のように言った。これはなぜだと考えられるか。「なるほど」という言葉が考える際の手がかりになる。

＜ポイント６＞

06において経営者は、「はい」と言った後に、支援者が言った「変革」について詳しく話し始めた。しかし現実には、経営者が「はい」と言った後に沈黙することも少なくない。では、こうしたとき支援者はどのようにするのが良いと考えられるか。

①経営者
・経営理念・ビジョン　経営哲学・考え・方針等

・経営意欲　※成長志向・現状維持など

・後継者の有無　後継者の育成状況　承継のタイミング・関係

②事業
・企業及び事業沿革　※ターニングポイントの把握

・強み　技術力・販売力等

・弱み　技術力・販売力等

・IT に関する投資、活用の状況　1 時間当たり付加価値（生産性）向上に向けた取り組み

図 2　ローカルベンチマークの非財務情報の 1 つ「4 つの視点」の項目の一部

ここでは、四角枠で記入欄を示すなど、形式を一部変更して示している。実際の書式は、参考文献に示す、経済産業省の Web サイト「ローカルベンチマーク（ロカベン）シート」で確認できる。

第3節　話し手と聞き手の間の信頼関係：ラポール

コンサルティングの対話では、特に冒頭においては、対話例1のように、経営者が主な話し手となり、支援者は聞き手となる。そのため、以降では、経営者の方を「話し手」、支援者の方を「聞き手」と記すことがある。

＜ポイント1＞のように、もし支援者が「教えなさい」あるいは「言いなさい」のような表現を使ったとしたら、支援者の印象は非常に威圧的となり、経営者は話しづらくなるだろう。「教えてください」という表現によって、支援者が経営者との関係を上下関係として捉えてはいないこと、および、経営者の話を聴きたい、この企業の経営について理解したいと思っていることが、経営者にはっきり伝わるだろう。

また、02で経営者が企業沿革について話し終えるまで、支援者が、話の腰を折って自分の専門分野の話をし始めたり、批判的な意見を示したりすることなく、最後まで聴いている点も大切なポイントである。そして、03の「ありがとうございます。」の言葉によって、経営者の語りを大切に受け取ろうとしている支援者の態度が表れている。もちろん、＜ポイント2＞で考えていただいたように、「ありがとうございます。」という言葉がここになくても対話は続けられる。しかし、この一言によって、経営者に中心となって語ってもらい、支援者はその伴走者として関わりたいと、支援者が考えていることが経営者に伝わるだろう。

このように、対話の冒頭から、メインの話し手である経営者が安心して心を開いて話ができるようにするための数多くの工夫が、支援者によってなされていることがうかがえる。このような関わり方によって構築される、話し手と聞き手の信頼関係をラポール（Rapport）と言う。ローカルベンチマークの対話がうまくいくかどうかは、ラポールの構築に関わっているところが大きいと考えられる。

では、ラポールを構築するために重要となるのは何だろうか。対話例に沿って順に見ていこう。

第4節　共感的理解

対話例1の01から05にかけて、支援者は、図2にある順序とは異なる順序で質問を行なっている。まず01で会社の概要と沿革をたずね、つづいて03以降で経営者自身に焦点を変えて質問をしている。これは、対話のスタート時にはまだこの企業について知らない支援者が、まずこの事業についてのおおよその認知的枠組みを持ち（対話例1の01～02）、その上で図2の「①経営者」の特徴について知り理解を深めていくために（対話例1の03以降）、適切な順序と言える。

企業経営には経営者の経験や考え方が深く関わることが多いため、経営者の経験や考え方、すなわち、前節で述べたように、経営者の固有の情報を収集してそれに基づいて理解することが重要となる。〈ポイント3〉はここに関係する。「自ら考え、……成長する」という、この経営者に特有の言葉、考え方を手がかりにして、さらに掘り下げて話をしてもらうために、支援者はこの言葉を取り上げて質問している。

〈ポイント4〉のように、ここで言葉を補うならば、「これについて詳しく教えて／聞かせてください」のような質問の表現を使うことができる。この質問は、イエスかノーで答えられない形であり、専門的には「オープン・クエスチョン（開かれた質問）」と呼ばれる。相手の固有の情報を収集しようとするときに役に立つ技法である。なお、質問には、オープン・クエスチョンの他に、イエスかノーで答えられるもの（例：外国に行ったことはありますか。）があり、こちらは「クローズド・クエスチョン（閉ざされた質問）」と呼ばれる。こちらは限定して事実確認しようとするときに役立つ。

さらに〈ポイント5〉について考えてみよう。05で支援者の「変革」という言葉は、シート上の経営者による書き込みを手がかりとして、それを要約したり言い換えたりしたものである。このように、話し手の表現から話の本質を理解し、話し手の表現を聞き手の言葉で言い直して伝えることを、臨床心理学分野では「要約」「言い換え」と呼ぶ。話し手の話を聞き手がしっかり聴いていることを伝えて、話を促す技法である。

05で支援者が「なるほど」という言葉を用いていることから、経営者の話を聴きながら、仮に自分が相手の立場だったとしたら、変革が必要だと思ったときこの経営理念であれば拠り所となり苦労はあっても変革を進めていけそうだと考えた、言い換えると、経営者の経験を支援者が追体験しようとしたことがうかがえる。このように、話し手がどのように感じ考えていたかをできるだけ正確に知るために、もし自分が相手の立場ならどのような経験と感じどのような気持ちになるかというように、相手の枠組みに沿って理解することを、共感的理解（empathic understanding）と呼ぶ。支援者の言葉は共感的理解のあらわれであり、この言葉によって、支援者が共感的に理解していることが経営者に伝わっていると推察される。

第5節　無条件の肯定的関心

＜ポイント6＞にあるように、経営者が「はい」と言った後に沈黙することも少なくない。05で支援者は「……わけですね」というクローズド・クエスチョンのような表現、すなわちイエスかノーで答えられる形を使ったので、経営者の「はい」という回答だけでも誤りではない。話し手が「はい」と言った後沈黙したときは、まずは黙って、話し手をよく観察し、話したいことがありそうか否か見定めるのがよい。こうした観察は「クライエント観察技法」と呼ばれる（「クライエント」は話し手に相当する）。

相手が沈黙していても、話そうとして考えごとをしている様子が観察されれば、聞き手は黙って相手が話し始めるのを待つのがよい。また、相手が「えーと」「んー」などの言い淀みをし始めたとしたら、それは話したいけれど言葉が見つからない状態であることのあらわれなので、このときも聞き手は黙って相手が話し始めるのを待つのがよい。このとき、話し手の方に視線を向けて穏やかな表情でいることも大切である。これについて後述する。

カウンセリングの対話では、日常場面でなされる会話に比べて、クライエントの沈黙や言いよどみが多くて長い。これはコンサルティングの対話でも同じかもしれない。話し手が長く沈黙したり言い淀んで話がたどたどしかったりしても、聞き手はそれに非難の目を向けたり必要以上に不安がったりせず、話し手への関心を持ち続けて接するのがよい。しかしもし話し手に考えごとをしている様子がなければ上述のように、オープン・クエスチョンを用いて質問するのが良さそうだ。

このように、どのようなときにも話し手のありのままを理解しようと関心を持って話し手に関わることを、無条件の肯定的関心(unconditional positive regard)と呼ぶ。臨床心理学者のロジャース（Rogers, C. R.）は、無条件の肯定的関心と、前述の共感的理解を、カウンセリングのために重要な基本的姿勢としている。ともにラポール構築に関わる重要な姿勢である。

第6節　具体的な関わり方

ＹｏｕＴｕｂｅで動画を見ることができる方は、ぜひ、支援者の視線や姿勢、顔の表情などの非言語的表出もしっかり見ていただきたい。ローカルベンチマーク動画②の動画（対話例1。図1参照）では、支援者は、経営者に対して適度な距離と向きでリラックスして着席し、穏やかな表情で経営者の方に視線を向けて話を聴いている。経営者に質問する際の声は落ち着いたトーンである。こうした非言語的表出も、話し手に安心して心を開いて話してもらうことに役に立っている。このように、視線や姿勢、声の質などの表現によって、積極的に聞こうとする聞き手の態度を話し手に示す技法は、「関わり行動」と呼ばれている。これは、無条件の肯定的関心と密接に関係しており、話し手が沈黙しているときにも非常に重要な技法である。

また支援者が、経営者の話を聴きながら、重要な箇所では大きくうなずいていることも確認いただきたい。例えば、対話例1では、経営者が、起業に向けた強い思いやリーマンショックや震災時のこと、チャレンジしようという思いについて語っているときに、支援者はゆっくりとうなづいている。このように、うなずいたり「うん、うん」などの相槌を入れたりして相手の話を促す技法は、「はげまし」と呼ばれている。

ここまで見てきた、関わり行動、クライエント観察技法、オープン・クエスチョンとクローズド・クエスチョン、はげまし、要約、言い換えは、無条件の肯定的関心と共感的理解がありラポール構築されているカウンセリングでは共通して観察されるものであり、ラポール構築のために有効な具体的技法とされている（Ivey & Authier, 1978）。対話例1は動画で見ると約3分程度の短いものであるが、各種の技法が臨機応変に組み合わされて用いられていることが分かるだろう。

第7節　話し手が得るもの……新しい視点の獲得

対話例1から始まったローカルベンチマークの対話は、中盤を過ぎたあたりで、経営者がこれまで話したことに基づいて支援者がこの企業の特徴についてまとめて話すフェーズに入る（対話例2）。これを対話例2（ローカルベンチマーク動画⑦業務フローの把握編（顧客提供価値））（経済産業省、2018）の冒頭より）に示す。ここでは、カウンセリングの基本的スキルが豊かに用いられたとき、対話を通して、話し手や聞き手にどのような変化が生じるか考えたい。なお、この対話例は撮影のために作られたものと考えられるが、経営者の感想には、実際のカウンセリングを受けた人のそれに共通する点がある。

●対話例2　ローカルベンチマーク対話の中盤

両者とも手元にシート「商流・業務フロー」を置いている。これまでに、このシートのおおよその部分について、支援者が質問し、経営者が答えてきた。「顧客提供価値」のみが残された状態である。

07 支援者：はい、ありがとうございました。ここで、これまでおうかがいした内容をまとめてみたいと思います。御社のビジネスは・・・・・（製品・商品の内容についての支援者による解釈が続く）・・・・・御社の場合は、新製品開発等に対するきめ細かな対応力、また難加工品における安定した品質の提供が、「顧客提供価値（注：顧客に対してどのような価値をどのように提供するか）」に該当すると考えられます。これは、金型製作力やプレス成形技術、品質保証体制の確立などの強みがあるからこそ実現できる、こう感じました。

08 経営者：なるほど。このようにまとめていただくと非常に分かりやすいです。お客様の真のニーズと弊社の強みというものの対応付けというのがよく分かりました。

まず聞き手については、07の支援者の言葉と、08で経営者が「なるほど」と腑に落ちている様子から、支援者は対話を通して、この企業についての理解を深めたことがうかがえる。また、支援者が07の最後文の語尾を「こう感じました」として、あくまで自分の理解・解釈であることを示していることも見逃せない。この表現の仕方によって、自分が積極的に話を聞いてきたことを経営者に伝えることになっている。そして、もし自分の理解・解釈に若干の不足や誤りがあったとしても、経営者はより本質的なことを話したいと感じて話を続けてくれるだろうと考えられるので、それがさらに支援者の理解を助けることになる。

一方、話し手については、08の経営者の言葉から、支援者の理解・解釈を聞くことによって、自分では気づかなかった新しい捉え方を知ることになったことがうかがえる。対話例2より後にも同様の箇所がある（例えば、ローカルベンチマーク動画⑧：経済産業省、2018）。さらにその後には、経営者は、支援者の解釈を踏まえてさらに考え、自社の経営課題と対応策を指摘することさえした（ローカルベンチマーク動画⑩：経済産業省、2018）。

このことについて経営者は、対話の後で、「自分一人では見えなかったことがしっかりと見えたり、それに伴う課題が見えてきたりしました。」と話している（ローカルベンチマーク動画⑩：経済産業省、2018）。実際のカウンセリングを受けた人にもこれに共通した変化が生じることが知られている。

このように、支援者がカウンセリングの基本的スキルを用いて関わると、話し手は新しい視点を獲得し、それにより、今までよりも問題解決に向けて考えを深められるようになる。こうした話し手の変化を可能にする手助けをすることが、支援者の役割と言える。

第8節　おわりに

本章では、コンサルティングの実践に必要なカウンセリングの基本的スキルについて解説した。対象企業や経営者の固有の情報に詳細に理解するには、無条件の肯定的関心と共感的理解をもって、信頼関係を構築することが大切である。関わり行動やクライエント観察技法など、対話に役立な技法も紹介した。これらのスキルが適切に用いられた対話により、対象者は新しい視点を獲得することになる。

本章を通じて、読者の方々が、企業や組織の支援について関心をより深め、より質の高いコンサルティングを提供できるようになることを願っている。また、カウンセリングの基本的スキルは、ビジネスに限らず、教育、医療などあらゆる分野で必要とされるものである。本章で解説したスキルが、読者の方々のさまざまな場面で役立てられることを期待している。

引用・参照文献

- Brewer, M. B. (1988). A dual process model of impression formation. In RS Wyer & TK Srull. (Eds.). Advances in social cognition, vol. 1, 1–36. Hillsdale, NY.: Erlbaum.
- Fiske, S. T., & Neuberg, S. L. (1990). A continuum of impression formation, from category-based to individuating processes: Influences of information and motivation on attention and interpretation. Advances in experimental social psychology, 23, 1-74.
- Ivey, A. E., & Authier, R. J. (1978). Microcounseling; Innovations in interviewing, counseling, psychotherapy and psycho-education. Springfield, Il: Charles C. Thomas.（福原真知子、椙山喜代子、國分久子（訳編）(1985). マイクロカウンセリングー学ぶ、使う、教える、技法の統合ーその理論と実際、川島書店）
- 経済産業省、ローカルベンチマーク（ロカベン）シート、Retrieved March 30, 2023, from https://www.meti.go.jp/policy/economy/keiei_innovation/sangyokinyu/locaben/
- 水野浩児 (2022) ローカルベンチマークと企業支援ーローカルベンチマークを活用した企業支援の勧めー、経済法令研究会
- Nagaoka, C., Yoshikawa, S., Kuwabara, T., Oyama, Y., Watabe, M., Hatanaka, C., & Komori, M. (2013). A comparison of experienced counsellors, novice counsellors, and non-counsellors in memory of client-presented information during therapeutic interviews. Psychologia, 56(2), 154-165.

引用動画

- 経済産業省、ローカルベンチマーク動画② 現状把握編（沿革、経営理念、経営意欲、後継者等）, Retrieved March 30, 2023, from https://www.youtube.com/watch?v=MXxawoRzg5M
- 経済産業省、ローカルベンチマーク動画⑦ 業務フローの把握編（顧客提供価値）, Retrieved March 30, 2023, from https://www.youtube.com/watch?v=KUtvgfOADnM
- 経済産業省、ローカルベンチマーク動画⑧ 業務フローの把握編（強み弱み　販売力・技術力等）, Retrieved March 30, 2023, from https://www.youtube.com/watch?v=3Aso7AOAdqs
- 経済産業省、ローカルベンチマーク動画⑩ 課題解決編（課題～対応策）, Retrieved March 30, 2023, from https://www.youtube.com/watch?v=rPm6T51O4SQ

あとがき

本書は『令和における経営の魅力と課題』と題し、まえがきにて仰々しく「経営学」について語らいだが、本書全体を通読された方にはどのように映っただろうか。彼らの高度な専門性と読者に寄り添ったトピックスの選択による「学問の身近さ」を感じさせる工夫はうまくマリアージュされているように感じられただろうか。少しでも私含め、経営学部に所属する研究者の想いが伝わっていたのであれば、幸甚である。

さて、あとがきでは各章のふりかえりと総評を記しておきたい。

まず、第1章の「大学生の消費者問題と消費者教育のあり方」では、まさに成年年齢引き下げの法改正が直面する諸問題のひとつとして消費者契約について取り上げた。18歳はちょうど大学に入学する年齢で、本文中では大学生を含む若年消費者を「脆弱な消費者（Vulnerable consumer）」と表現し、知識や経験の乏しい年代の消費者がトラブルに巻き込まれやすい環境に警鐘を鳴らす内容となっていた。

この状況を打破するための方策として「実践的な教育」という予防策と「若年消費者の救済法整備」というアフターケアの2本柱が必要であると説かれ、消費者を救済する法整備の必要性という専門的な知見のみならず、実際に大学生に向き合って教育を施している研究者であることを象徴するように「大学教育における消費者教育の重要性」に多くを割いている点にこの論文の特徴を感じることができただろう。

第2章の「日本における経営学の歴史と日本型経営」では、歴史的背景から「経営学」が必要になった経緯や日本における「経営」の特徴について取り上げた。「経営学」という学問が確立したのは、1900年初頭で、誕生してから120年ほどと他の学問と比べて歴史は浅い。しかし、日本では江戸時代ごろからルーツとも呼べる動きがあり、商人の生活や文化、酒造業における特殊性から経営学の一端を垣間見ることができた点に学問の面白さを感じられる。また、日本における「経営学」の発展プロセスには日本独自の要素が強く、学問の成立と日本型経営の関係を論じることで、日本における経営学の本質的な理解につなげる内容となっていた。

第3章の「社会課題に対応した流通の展望」では、市場経済における流通の役割に触れたうえで、流通をめぐる社会的・環境的課題について、「多頻度小口配送と環境負荷の問題」「グローバル調達と人権問題」「食品ロスと日本の流通」など多角的な視点から流通問題を取り上げた。

物流業界における2024年問題やSDGsといった最新の動向に視線が向けられており、非常に社会的関心をくすぐられる内容になっている。物流やロジスティクス界隈では技術的進歩が格段に進み、在庫管理や効率的な配送などについて非常にシステマチックになっている一方で、商習慣や各企業の売上目標といった定性的な事由に起因してそれが社会問題や環境問題を引き起こしているというジレンマに直面しているところが学問的な刺激を与える。経営学がいかに様々な諸問題に向き合い、解決するための模索が必要かを感じてもらえたのではないだろうか。

第4章の「コンサルティングの実践に必要なカウンセリングの基本的スキル」では、事業者支援に注力している金融機関の取組に焦点をあて、ビジネスに必要な心理学的スキルについて取り上げた。

一般的なカウンセリングで必要とされるラポールの形成（双方の信頼関係）は、ビジネスの場でも当然に必要なものであることについて触れた後、実際に金融機関の研修などで使用されているツールや動画を題材として活用し、信頼関係構築に役立つアプローチの方法について言及する内容となっていた。また、経営に大きな影響を与える金融機関の事業性評価の取組手法を具体的に論じた点も特徴的である。

企業や経営者の固有の情報を詳細に理解するには、共感的理解と無条件の肯定的関心が必要と述べられており、これらはもちろんビジネスに限らず、教育現場や日常生活における円滑なコミュニケーションにも必要な観点である。「ヒト」の「心」の動きを解析するような心理学分野がビジネスの最前線を扱う「経営学」とこのような形でリンクすることに新たな一面が見えたのならば、本学の経営学部の狙いどおりといっていいだろう。

まえがきでも少し触れたが、追手門学院大学の経営学部には「経営・マーケティング専攻」「ビジネス法務専攻」「ビジネス心理専攻」「情報システム専攻」の4専攻がある。経営学の学問分野の中には経営学はもちろんのこと、マーケティングや会計学、経営工学や経営情報学などがあるため、「経営・マーケティング専攻」と「情報システム専攻」が存在する蓋然性についてはなんとなくでも理解はしていただけるだろう。

そのような中、あえて「法務」と「心理」の分野にフォーカスを当てているのは本学経営学部の特色といっていいだろう。ビジネスの現場とは契約の連続である。それを考えると「法律」の観点は切っても切れない関係にある。ただ、経営学部の中で学ぶ「ビジネス法務」とは法学部が行うような「法律学」ではない。どのようなルール（法律）を制定することで人々（企業・法人）は社会に役立つ活動ができるのか、という観点から法学的アプローチを学ぶ。決して言葉の綾ではない。「ビジネス法務学」という経営学に必要な新しい学問を取り扱おうとしており、実社会においても役立つ視点になると信じている。

また「ビジネス心理」も令和の経営においては欠かせない観点といえるだろう。令和の経営は「ヒト」にあると言われている。それこそ多様性を認める社会において、コミュニケーション不足によるハラスメントなどは人材流出に多大なる影響を与える。若手の離職問題は経営者とのディスコミュニケーションに起因するとも言われており、経営者がビジネス心理を少しでも意識することで、経営環境・企業風土は劇的に改善する余地がある。そうした知識・スキルを身につける学問を経営学の近くで実践することは、予測不能な社会を生き抜く人材を養成するためにどうしても必要になってくると考えている。

経営学とはもちろん経営手法も学ぶ領域を有するため、理論の学習も欠かせない。しかしながら、経営学は実践的な学問であり、その時と場所によって向き合うもの（問題）がいかようにも変化するため、過去にとらわれすぎてはいけない学問でもある。
そのため過去にすがるのではなく、過去を活かし、未来と向き合うひたむきさが肝要になってくる。正解のない学問である経営学には、好奇心と探究心が欠かせない。そしてそういった感性を持っている、もしくは、育まれた人材はこれからの社会を支える人材として飛躍してくれることは間違いない。

そうした人材の育成に注力し、日々教育・研究に邁進している追手門学院大学の経営学部に今後もご指導・ご鞭撻を賜ることをお願いし、本書の締めくくりとする。

追手門学院大学 経営学部長　水野 浩児

【編著者一覧】

水野　浩児(みずの　こうじ):編者
追手門学院大学 経営学部長 経営学部 経営学科 教授　(民法・租税法、民事法学)

池内　博一(いけうち　ひろかず)
追手門学院大学 法学部 法律学科 准教授　(民法、消費者法)

杤尾　安伸(とちお　やすのぶ)
追手門学院大学 経営学部 経営学科 准教授　(組織論、人的資源管理論、学習支援システム)

宮﨑　崇将(みやざき　たかまさ)
追手門学院大学 経営学部 経営学科 准教授　(マーケティング)

長岡　千賀(ながおか　ちか)
追手門学院大学 経営学部 経営学科 准教授　(認知科学、社会心理学、子ども学)

OIDAIライブラリー③
令和における経営の魅力と課題

2024 年 2 月 29 日　発　行

編　者　水野 浩児

著　者　池内 博一・杤尾 安伸・宮﨑 崇将・長岡 千賀

発行所　追手門学院大学出版会

〒567-8502　大阪府茨木市西安威2-1-15
電話(072)641-9723
https://www.otemon.ac.jp/

発売所　丸善出版株式会社

〒101-0051　東京都千代田区神田神保町2-17
電話(03)3512-3256
https://www.maruzen-publishing.co.jp

編集・制作協力　丸善雄松堂株式会社

Printed in Japan

印刷・製本　富士美術印刷株式会社
ISBN 978-4-907574-36-9　C1034